la case books

Francesca Chiesa

UNA STORIA
DI DONNE PERSIANE
Il romanzo di Humāy e Nahid

Liberamente ispirato al *Darab Nameh*
di Abū Tahereh al-Tarsūsī (XII secolo)

la case books

UNA STORIA DI DONNE PERSIANE

Il romanzo di Humāy e Nahid. Liberamente ispirato al *Darab Nameh* di Abū Tahereh al-Tarsūsī (XII secolo)

Francesca Chiesa

ISBN 978-1-953546-25-8

Copyright © 2023 LA CASE

LA CASE Books

PO BOX 931416, Los Angeles, CA, 90093

info@lacasebooks.com || www.lacasebooks.com

INDICE

PREFAZIONE:
UNA STORIA DI DONNE

Le Storie vanno soprattutto narrate, altrimenti muoiono. A volte si addormentano per risvegliarsi nelle situazioni più impensate e finisce che le ritroviamo dentro di noi.

Le storie nascono e crescono viaggiando da un mercato all'altro, da una città all'altra, da un mare all'altro, non sono patrimonio di nessuno e appartengono a chiunque le ascolti: le Storie vanno raccontate senza paura.

Le Storie riscaldano il cuore e annacquano la nostalgia; s'incontrano, si mescolano, si riconoscono. Si sovrappongono ad altre Storie, di altre epoche e di altri paesi, e sedimentano fino a che trovano chi le racconta in una forma nuova.

Le storie sono potenti: addolciscono gli animi, guariscono gli ammalati, spiegano la vita.

Il *Darab Nameh* è una storia di donne. È un romanzo in prosa di lingua persiana, composto probabilmente nel XII secolo e attribuito ad Abu Taher Muhammad ibn Hasan ibn'Ali ibn Musa al-Tarsusi, cioè di Tarso. Fino ad ora tradotto integralmente solo in russo.

Dell'autore non sappiamo nulla se non quello che ci dice il suo nome: che era padre di Taher e nato o vissuto a Tarso; chi se n'è occupato - dal curatore della versione a stampa[1] agli scarsi studiosi che gli hanno dedicato qualche attenzione – lo definisce un cantastorie[2].

Un cantastorie avrebbe dunque scritto questo romanzo che è una storia di donne; una girandola inconsueta di persiane, romane, greche, abissine, indiane, filosofe e schiave, regine e consigliere, guerriere e amanti; un mélange di epica iranica, tradizione alessandrina, influenze ebraiche ed ellenistiche, gioco di specchi e caleidoscopio di percorsi narrativi? Una catena femminile persiana di trasmissione del potere che accoglie influenze linguistiche greche, registra voci africane e, non si limita a prestare la sua voce a una tradizione ma

[1] Zabihollah Safa, 2 vols. (Tehran: Bongah-e Tarjoma va Nashr-e Ketab, 1965-1968 (1344-1346).

[2] Fa eccezione Angelo M. Piemontese, cui devo l'incontro con quest'opera.

rielabora e intreccia storie seguendo un progetto complesso e raffinato?

Se Muhammad ibn Hasan fosse stato, ad esempio, padre di una Tahereh invece che di un Taher, su di lei avrebbe potuto riversare il patrimonio di storie raccolte in una vita che immaginiamo vagabonda.

E lei sarebbe vissuta a Tarso negli anni in cui Anna Comnena, figlia dell'imperatore di Bisanzio Alessio I, non molto lontano, in un convento, raccontava la vita del padre nella sua Alessiade.

La potremmo quindi immaginare come una giovane donna che scrive sforzandosi di mantenere fede alla voce narrante del padre, mentre i suoni del presente s'intrecciano ai suoi pensieri fino a prendere il sopravvento: il racconto che esce dalla sua penna inizia allora a svilupparsi autonomamente e si organizza in una rete di specchi, ognuno dei quali inevitabilmente la riflette.

Una scrittrice che vive in una regione e in un periodo, il XII secolo della seconda Crociata, in cui le regine abbondano: da Eleonora d'Aquitania a Melisenda di Gerusalemme, che succede al padre Baldovino II e alla morte del marito non diventa reggente di suo figlio Baldovino III, ma esercita l'autorità che le spetta per diritto ereditario e legge civile. Con loro Zoe e Teodora di Bisanzio, sorelle regnanti, e poi Tamara Bagratian di Georgia *re dei re e regina delle regine*, che fu eccellente sovrana e comandante di eserciti, santa per la chiesa ortodossa georgiana.

Senza contare che la storia aveva già preso nota, all'epoca, di Maqeda/Bilqis regina di Saba, e di Zenobia Settimia, che Palmira ricorda.

IL ROMANZO DI DARIO/
DARAB NAMEH

Il *Darab Nameh* - di cui è chiara la derivazione dallo Shah Nameh/Libro dei Re, scritto intorno all'anno 1000 dal poeta nazionale Ferdowsi, la cui opera costituisce il fulcro della lingua e dell'identica persiana - si compone in realtà di tre romanzi: *Darab Nameh, Iskandar Nameh, Purandokht Nameh*. Il testo che si presenta in questa edizione è una libera versione delle sezioni relative alla nascita e giovinezza di Darab e Iskandar, e contiene inserti narrativi personali.

Bahman Ardashir, figlio di Esfandyar e re dell'Iran, deve lasciare il paese perché uno schiavo di nome La'La' ha preso il potere: si rifugia presso il re dell'Egitto Sam Cioresh[3], che ha una figlia di nome Humāy. Costei, esperta e valentissima in tutte le arti militari, ha annunciato che sposerà solo chi riuscirà a vincerla in combattimento. Bahman tenta l'impresa e rimane sconfitto una prima volta, ma vince la seconda. Toma in Iran con la sposa e grazie all'esercito che Humāy è riuscita a ottenere dal padre, riesce a cacciare lo schiavo ribelle e a riconquistare il regno. Dopo alcuni anni di vita felice si reca ad affrontare un drago che terrorizza la popolazione, e il drago lo uccide.

I nobili, riuniti a consiglio, affidano il regno a Humāy, che lo governa con grande saggezza. Dopo qualche tempo la regina si accorge di attendere un figlio di Bahman: poiché teme che un erede possa sottrarle il regno, subito dopo il parto ordina alla balia di deporre il bambino in una cassa, assieme ad alcuni gioielli, e di abbandonarlo alle acque.

La cassa è recuperata da un lavandaio che ha appena perso l'unico figlioletto; lui e la moglie decidono di adottare il neonato e lo chiamano Darab, che significa "nell'acqua".

Il piccolo principe cresce e già dall'infanzia

---

[3] Probabilmente un satrapo, considerando che Cioresh è versione ebraica di Curush/Ciro.

dimostra una forza eccezionale. Capisce ben presto di non essere figlio del lavandaio; dopo una serie di rocamboleschi eventi l'emiro della regione, Mardu, fa credere a Darab di essere suo padre.

Un giorno arrivano alla corte di Mardu gli inviati di Humāy, che pretendono ii pagamento del tributo annuale.

Darab si ribella in nome di Mardu e ne fa strage. Convocato dalla regina insieme all'emiro, Darab arriva a corte - ormai ha tredici anni ed è un bel ragazzo, alto e forte. Si trova confuso tra la folla e vede da lontano Humāy, assisa in trono all'altro lato della Sala.

Una distanza abissale li separa ma nel momento in cui si guardano qualcosa accade.

Il giorno seguente Darāb si ripresenta a corte con Mardū, rispondendo alla convocazione della Regina. Humāy è in attesa e non appena vede il giovane sente la passione prorompere e il latte uscire dal seno.

La regina vorrebbe tenerlo con sé ma glielo impedisce l'opposizione dei nobili, indispettiti per l'affetto che lei gli dimostra.

Così, dopo varie traversie, induce Darab a partire, consigliandogli di stare lontano per qualche tempo.

La prima tappa del viaggio di Darab è in Oman, dove viene imprigionato per avere ucciso i figli del re.

Nella notte Temrusyye[4], che il re dell'Oman aveva sposato dopo averla sottratta alla sua famiglia, gli propone di fuggire per cercare insieme a lei di raggiungere le isole del Mare di Grecia, dove regna suo padre.

I due s'imbarcano con il proposito di raggiungere la loro meta per mare.

Veleggiano incontrando avventure e creature di ogni genere e affrontando insidie a non finire: tempeste e talismani, cannibali e mostri marini. Sempre si salvano con l'aiuto di sogni profetici, cure magiche, interventi divini, e talvolta anche grazie agli atti eroici di Darab.

Poco dopo, però, le circostanze li separano e Darab arriva solo in un'isola del Mare di Grecia - forse Creta - percorrendo un canale scavato sotto

---

[4] Questo nome potrebbe essere una versione arabo-persiana di Artemisia. Considerando che Artemisia I, sovrana di Alicarnasso (Asia Minore) è ricordata soprattutto per la sua partecipazione alle battaglie di Capo Artemisio e di Salamina (480 a.C.) - unica donna col grado di comandante nella flotta di Serse, era alla guida di cinque triremi – questo nome sembra particolarmente indovinato per la regina che porterà in salvo Darab dall'Oman al mare di Grecia, risalendo di isola in isola il Mare Eritreo.

il Monte Qaf, ovvero il Monte Sinai[5].

In quest'isola sposa Zan-klisa/Donna-di-chiesa, figlia del sovrano defunto, e viene incoronato re.

Nel frattempo Temrusyye incontra il fratello Mehrasb ma dopo alcune avventure viene separata anche da lui.

Temrusyye e Darab si ritrovano e si sposano ma la prima moglie di Darab, Zan-klisa, uccide la rivale; poco dopa perisce a sua volta a causa del morso di un serpente.

Sopravvive il figlio di Temrusyye e Darab, cui viene attribuito il nome di Dara.

_____

5 Erodoto e altri autori affermano che il sovrano achemenide Dario I tentò di scavare un canale allo scopo di ottimizzare i traffici dell'impero e soprattutto le importazioni dall'Egitto. Lo fece sfruttando gli antichi lavori effettuati sotto Necho II e ricongiungendo l'area dei Laghi Salati al Mar Rosso che da molto tempo non erano più collegati fra loro. Il canale di Dario era lungo quasi 140 chilometri e largo abbastanza da poter essere percorso da due triremi contemporamente. L'esistenza di un canale persiano completato è confermata non solo dalla testimonianza oculare di Erodoto, che visitò l'Egitto qualche tempo dopo il 454 a.C., ma anche dalla scoperta nel XIX secolo d.C. di quattro stele persiane commemorative poste lungo il suo percorso fino a Kabret, su una delle quali il testo inciso in cuneiforme recita: _Dice Dario il re: io sono un persiano; dalla Persia ho preso l'Egitto; ho dato ordine di scavare questo canale da un fiume di nome Nilo che scorre in Egitto, al mare che va dalla Persia. In seguito questo canale è stato scavato così come avevo ordinato, e le navi sono passate dall'Egitto attraverso questo canale alla Persia._

Darab annuncia che per assicurare il trono al figlio tornerà in Persia: mentre è in viaggio, apprende che sua madre Humāy è stata sconfitta in battaglia dal Cesare di Rum[6], Filqus: discendentc del rnitico eroe iranico Salm, figlio di Fereydun, quindi un suo lontano parente.

Darab si affretta a correre in aiuto della madre, ma prima che possa raggiungerla Humāy viene catturata e imprigionata nella città di Shahr-Ray[7]. Darab la salva e lei gli cede il trono. II Cesare di Rum viene sconfitto, catturato e tenuto prigioniero nella città di Istakhr[8].

Gli scontri riprendono sotto la guida di un fratello di Filqus ma anch'egli viene catturato da Darab, il quale gli chiede in moglie, quale tributo, la figlia di Filqus: Nahid[9].

---

[6] Bisanzio, per i medio orientali.

[7] Dove sorge il santuario dedicato a Bibi Shah-banu, figlia dell'ultimo re Sassanide, sconfitto dagli arabi conquistatori.

[8] Qui si svolse l'ultima disperata resistenza iranica contro la conquista dell'Islam.

[9] Il cui nome riecheggia quello di Anahita, divinità pre-zoroastriana protettrice dei fiumi e delle acque limpide.

IL ROMANZO DI ALESSANDRO/ ISKANDAR NAMEH

Nahid, figlia di Filqus, viene reclamata in moglie da Darab quale tributo al vincitore, ma viene ripudiata dopa la prima notte di nozze perché afflitta da alitosi[10].

Restituita alla reggia del padre, Nahid dà segretamente alla luce un figlio, Iskandar, che porta di nascosto al convento dove vive il saggio eremita Aristotele, alle cui cure lo affida[11].

In seguito viene fatta sposare a Firuzshah, re

---

[10] Apollonio Rodio, il cantore delle Argonautiche, racconta che quando Giasone e i suoi sbarcarono sull'isola di Lemno, si scontrarono con le Lemniadi rese quasi folli da una maledizione di Afrodite: per punirle di non averla adeguatamente venerata, furono condannate a emanare un odore talmente sgradevole che i loro mariti non vollero più avvicinarle. La maledizione cessò all'arrivo dei giovani e baldanzosi compagni di Giasone.

[11] Anche in questo romanzo di Tarsusi compare il tema dell'Alessandro persiano, presente in tutta la letteratura classica e letto generalmente come un tentativo persiano di diminuire la portata della sconfitta che portò alla caduta del grande impero Achemenide. Il comportamento di Alessandro, che dopo la vittoria inizia a vestirsi e comportarsi come un sovrano iranico, può avere dato origine alla iranizzazione della sua figura. Non bisogna inoltre dimenticare che nel corso della sua storia, per la sua posizione geografica l'Iran è stato teatro di ondate successive di "invasioni"da parte di popoli che non si sono limitati a saccheggiare e procedere oltre ma si sono stabiliti nel Paese e sono diventati a loro volta persiani.

del Darbar[12]. Iskandar, nel frattempo, è stato affidato da Aristotele a una vecchia donna, che si prenderà cura di lui.

Iskandar impara da Aristotele a interpretare i sogni, e questa conoscenza lo introduce alla corte di Filqus, prima, e di Firuzshah poi.

Nahid riconosce Iskandar come proprio figlio, a seguito di una montata lattea, ma Firuzshah li scopre insieme e immagina un tradimento. I due fuggono e si rifugiano presso Filqus, che riconosce Iskandar come nipote ed erede.

Gli altri figli di Filqus uccidono il padre e Nahid. Iskandar, acclamato re, attacca e uccide Firuzshah.

Intanto sull'Iran regna Dara, figlio di Darab e quindi fratello di Iskandar. Attraverso uno scambio di lettere Iskandar rivendica parte del regno, come figlio di Darab e, inevitabilmente, i due si scontrano in battaglia.

Due suoi ministri pugnalano a morte il re dell'Iran, Dara, con il consenso di Iskandar. Prima di spirare, Dara si fa promettere dal rivale che sposerà sua figlia Purandokht.

---

[12] Potrebbe riferirsi alla regione del Punjab (Pakistan) dove Darbar è il nome di una antica e venerate moschea dell'XI secolo. *Durbar* è la corte del sovrano, in persiano.

IL ROMANZO DI PURANDOKHT/ PURANDOKHT NAMEH

Purandokht è un'abile guerriera, come la nonna Humāy.

Rifiuta in un primo tempo di sposare Iskandar, responsabile della morte del padre, e raduna un esercito per combatterlo: la battaglia infuria da Aleppo a Istakhr.

Durante una pausa della battaglia, Iskandar vede Purandokht mentre si bagna in un fiume e lei allora acconsente a diventare sua sposa.

Iskandar affida a Purandokht il regno di Persia e parte per altre terre: lei appare depositaria di una sapienza magica e fornisce a Iskandar un bracciale che funge da amuleto protettivo.

Nei momenti in cui Iskandar si trova in difficoltà, Purandokht interviene: fornendogli un talismano, compiendo una magia o, semplicemente, dandogli consigli e suggerimenti.

Così accade, ad esempio, in occasione della spedizione in India: Iskandar, che non riesce a sconfiggere i re alleati Kaydavar e Poro, chiama a soccorso Purandokht e l'arrivo di lei risolve favorevolmente l'esito della battaglia.

In questa, e in successive occasioni, Iskandar è presentato come profeta dell'Islam, che combatte per diffondere la vera religione ma non può nulla senza l'aiuto di Purandokht. Anche nella terra degli Zengi[13] Iskandar è salvato da Purandokht, che libera lui e i suoi uomini dalla prigionia dei locali.

Seguono varie avventure: nel paese degli ittiofagi che adorano il tuono, nell'isola delle donne barbute ed ermafrodite, nell'isola dei Cinocefali, nell'isola delle donne così desiderose di uomini da portare in fronte dei falli artificiali.

Al seguito di Iskandar viaggiano vari sapienti, tra cui Platone e Luqman; sul monte Qaf, Iskandar incontra i profeti al-Khidr e Ilyas, oltre a un angelo che ha le sembianze di Maometto.

Iskandar visita quindi la Mecca e l'Egitto, dove costruisce un ponte sul Nilo; scende in mare dentro una campana e costruisce una muraglia contro Gog e Magog.

Infine muore per malattia mentre è in cammino verso Gerusalemme: dopo un anno muore anche Purandokht.

---

[13] La terra di Azania (Africa Orientale subtropicale) che si affaccia sul mare degli Zengi, Zange Bahr: Zanzibar.

E HUMĀY, LA "REGINA-UCCELLO"?

A ben vedere, o per meglio dire a mio parere, il Darāb Nāmeh è un romanzo dal titolo sbagliato. La protagonista effettiva di questo intreccio di storie è Humāy: regina dell'Irān, madre di Darāb, nonna di Iskandar, bisnonna di Purandokht. Humāy da humā, uccello fiabesco del buon augurio, che volteggia senza mai toccare terra, e pronostica la corona a colui che copre con la sua ombra.

In un Libro delle Meraviglie, una sorta di enciclopedia del dodicesimo secolo, ho trovato questa favoletta.

Lo humā è un uccello fortunato. Si trovava nel principato di Balasaghun e in ogni momento lo si vedeva volteggiare. Volteggiava in cerchio. Improvvisamente si posò sulla testa di uno e quell'anno ci fu abbondanza. Allora cominciarono a dire che chiunque fosse colui sulla cui testa si posava, quello avrebbero fatto re e gli avrebbero dato il regno. Poi per molto tempo questo humā non apparve.

Un giorno un indiano camminava con un tizio e diceva - Se lo humā si posa sulla mia testa, potrei mandare in rovina il principato di Balasaghun! Quell'altro disse - Se si posa sulla mia testa, io darò prosperità al regno. Lo humā scese e si poso sulla testa dell'indiano. Il popolo della città lo acclamò re ed egli mandò in rovina il mondo.

Un giorno un amico lo pregò - Abbi pietà dell'umanità! L'indiano rispose - Io sono la furia di Dio. Egli mi ha dato il governo: se l'umanità si fosse comportata secondo il volere di Dio, lo humā si sarebbe posato sulla tua testa. Poiché l'umanità si comporta male, si è posato su di me.

Il nome Humāy è stato interpretato come "fortunato", "dotato di buon pensiero" oppure "dotato di buone capacità"; il suo epiteto è Čehrzād, o Čehrāzād, di nobile nascita: è superfluo menzionare la narratrice di mille e una storia, cui ci riporta questo nome. Attesta il Bundahišn[14] che durante il regno di Bahman regnava la scarsità, gli iraniani combattevano tra loro, e non c'era

---

[14] Opera letteraria scritta in Medio Persiano (Pahlavi), presumibilmente composta da Farrobad intorno al IX sec d.C.; tratta della formazione del mondo e della sua storia secondo la visione zoroastriana.

nessun uomo della dinastia regnante che potesse governare; fecero sedere la figlia di Bahmān, Humāy, sul trono della sovranità e regnò per trent'anni. Sarà il penultimo sovrano della dinastia kayanide.

Nella storiografia occidentale la storicità delle dinastie persiane pre-achemenidi è in discussione dalla fine del XVIII secolo e pare non si sia ancora pervenuti a una conclusione certa, anche dopo il ritrovamento degli archivi di Persepolis[15]. Negare la reale esistenza della dinastia, significherebbe mettere in discussione anche l'esistenza di Zarathustra dato che Kay Gushtāsp, padre di Esfandyar e nonno di Bahman, è ricordato come il protettore del profeta. I Kayanidi, la "seconda dinastia di re persiani", sono stati anche identificati come i re babilonesi, assiri e medi descritti da Erodoto e altri scrittori greci. Per la Encyclopaedia Iranica, il nome Kayanidi (pers. Kayāniān) indica una dinastia di sovrani

---

[15] Gli archivi di Persepoli e gli archivi del tesoro di Persepoli sono due gruppi di tavolette di argilla che contengono la storia amministrativa dell'antica città persiana di Persepoli, - ritrovate durante gli scavi archeologici condotti nel XX secolo a Persepoli. Risalgono all'epoca dell'impero achemenide.

che governarono l'Iran prima degli Achemenidi e che portavano tutti nomi con il prefisso Kay.

Un inciso per ricordare quanto hanno sempre viaggiato storie e nomi: nel ciclo arturiano Sir Kay (il Caius latino, italianizzato in Caio) è uno dei primi Cavalieri della Tavola rotonda; figlio naturale di Sir Ector e fratellastro maggiore di Re Artù, in seguito suo siniscalco. La parola Kay è etimologicamente correlata alla nozione avestica di kavaēm kharēno, la "gloria reale divina", che si diceva detenessero i re kayaniani: un'aureola di luce che circondava la testa del re designato. I sovrani della dinastia Kayanide sono otto, o forse dieci: Kay Kawad, Kay Kavus, Kay Khosrow, Kay Lohrasp, Kay Vishtaspa, Kay Bahman, Kay Humay , Kay Darab e Darā e Iskandar, entrambi figli di Darāb. Degno di nota: nel racconto iranico Iskandar/Alessandro, in quanto figlio primogenito di Darab, è considerato l'ultimo dei Kayanidi ergo l'Iran non è mai stato conquistato da un principe macedone ma semplicemente rivendicato da un principe persiano.

La leggenda di Humāy ha molte diramazioni. Secondo al-Ṭabarī la madre di Bahman era Asturyā, cioè Esther, che avrebbe avuto tre figli: Homāy, Farang e Bahman-do<u>k</u>t). Questo studioso riporta vari racconti: Bahman, in punto di morte, su richiesta di Homāy, nominò principe ereditario il figlio non ancora nato, scavalcando il figlio maggiore Sāsān, che partì e andò a Eṣṭa<u>k</u>r, dove condusse una vita ascetica e divenne pastore; quando Bahman morì prima della nascita di Dārā, la regina non rivelò la nascita del bambino, ma lo mise in una cassa e lo mandò lungo il fiume Kor, o in alternativa, il fiume Bal<u>k</u>, dove un mugnaio che aveva perso suo figlio lo trovò e lo allevò. Una volta cresciuto, tutto questo si seppe, fu messo alla prova e riconosciuto dalla madre, e fu incoronato. Al-Tabarī riferisce anche dell'interesse di Homāy per la progettazione di edifici ambiziosi, in particolare di quelli fatti costruire a Eṣṭa<u>k</u>hr da prigionieri romani catturati durante le campagne, e che durante il suo regno l'impero fu prospero.

Altre tradizioni note su Humāy-e Čehrzād: era figlia di Ḥāreṯ, re d'Egitto, e Bahman le aveva lasciato il regno e i suoi bambini; era la moglie di Bahman e, secondo i persiani, anche sua figlia; era chiamata Šamirān figlia di Bahman, ma soprannominata Humāy; Dārāb era suo figlio con Bahman; Humāy lo mise in una scatola dopo la nascita e lo gettò in un fiume, dove un follatore lo trovò e lo chiamò Dār-āb.

Una discendenza del tutto diversa è data nel racconto epico Bahman-nāma in cui si narra che Bahman fu cacciato dall'Iran dalla cospirazione della sua prima moglie e visse in incognito in Egitto, dove conobbe Humāy, la figlia guerriera di Ḥāret, re d'Egitto. Dopo diversi combattimenti corpo a corpo con lei, la sposò e riconquistò il trono con il suo aiuto. Più tardi, quando Bahman sentì che era giunto il suo momento, nominò Homāy come suo successore, e lei regnò giustamente.

Nello Shah Nameh, il poema dell'epica nazionale iranica che Firdusi di Tus scrisse tra il 977 e il 1010 d.C., la figura di Humāy non è tra le più rimarchevoli. È stato anzi osservato che Firdusi sembra quasi a disagio nel delinearla, pur descrivendo la regina come "talentuosa, colta e saggia". Possiamo pensare che per il poeta queste doti non coprano la sua colpa, di usurpare il trono di cui dovrebbe essere solo custode, perché destinato al figlio. Un desiderio smodato di potere che alle donne non è mai perdonato, in ambito indoeuropeo. Stando alla storia narrata da Firdusi, Humāy era la preferita di suo padre Bahman, che la sposò secondo la tradizione zoroastriana e la scelse come suo successore. Designò anche il bambino che lei aspettava come legittimo erede al trono. Dopo la morte di Bahman, Humāy diede alla luce un maschio; decisa a tenere per sé il trono, prima affidò a una balia e annunciò che il bambino era morto, poi lo mise in una scatola di legno e lo abbandonò alle acque dell'Eufrate. Il bambino fu salvato da un lavandaio o da un mugnaio, che lo chiamò Dārāb: crebbe, fu riconosciuto e salì al trono. Molti degli eventi associati al regno di Humāy evidenziano la fusione della storia tradizionale dei Kayānidi con quella della dinastia achemenide: nello Shah-nameh si dice che ella fece guerra ai

Greci e impiegò architetti rumi, prigionieri di guerra, per costruire diversi monumenti a Eṣṭaḵr. La Humāy del Darāb Nāmeh si differenzia dalle varie versioni del personaggio cui abbiamo ora accennato: non più regina madre vedova che tenta di escludere il figlio dal trono e successivamente si ravvede, ma una sovrana nel pieno dei suoi poteri.

Il suo consorte, Bahmān, viene ucciso dal drago che è andato ad affrontare nella foresta del Mazanderān, e lei s'innamora di un giovane che compare a corte e lo vorrebbe associare al trono. Una pratica tanto antica nei regimi matriarcali pre-indoeuropei quanto combattuta e colpevolizzata nelle società indoeuropee che instaurano la norma della successione patrilineare: solo al re padre e marito è concesso di unirsi ad altre donne, esterne ma anche interne alla famiglia.

Il peccato di Humāy è quello di Fedra: s'innamora del proprio figlio naturale Darāb prima di sapere chi è ma non smette di amarlo quando lo scopre e se si libera di lui, mandandolo in esilio, lo fa solo perché la presenza del giovane sta scatenando la ribellione dei nobili e mettendo a rischio il suo trono. Tuttavia, una volta cacciato il giovane pretendente, chiamiamolo così, nessuno a corte e nel regno mette in discussione il diritto di Humāy a regnare: lei è stata scelta dai nobili, lei deve mantenere la corona. E questa è la principale differenza con Firdūsi.

I LUOGHI
DEL ROMANZO

MONTE ALTUN

In Turco *altın* è "aureo", e *dag* o *tepe* "monte", in vari toponimi:

• *Altın dag*, distretto metropolitano della città di Ankara, dove si trova la collina su cui sorge il castello di Ankara;

• *Altıntepe Cesme*, sulla punta più occidentale della Turchia, a ottanta chilometri da Izmir/ Smirne, su una penisola a otto miglia nautiche dall'isola greca di Chios; tramandano che Aristotele consigliasse ad Alessandro di visitare Smirne;

• *Altıntepe*, antico sito del Regno di Urartu, regione del Iago Van in Armenia.

AMURYYÈ

Amorion, di fondazione ellenistica, in Anatolia centrale e non lontana da Gordio, patria di Michele II di Bisanzio. I libri sacri greci ricordano il martirio di quarantadue capi militari e alti funzionari della città ad opera dei musulmani del Califfo al Mu'tasim nell'838.

BAGHDAD

Dono di dio: in persiano *bagh*, dio o meglio idolo, e invece Dio, Signore e Cielo nel russo. Città circolare di tipo sassanide, sorse nel 762 in terra persiana, sul sito di un antico villaggio; capitale universale degli Abbasidi, la sua costruzione spostò in area iranica il baricentro del mondo islamico. A lungo e spesso confusa con Babilonia, dove fu regina Semiramide.

ISKANDARYYEH

Eskandariya: antica città dell'Iraq centrale, a sud di Baghdad, fondata da Alessandro. Iskanderun/Alessandretta è invece una città turca che si affaccia sul golfo omonimo: fondata da

Alessandro dopo la battaglia di Isso e soggetta in tempi successivi a macedoni, persiani, romani, bizantini, arabi.

EGITTO/MISR

In arabo confine, limite, frontiera, grande citta, metropoli e quindi Egitto, dal verbo <masara>, costruire una citta, popolare, colonizzare un paese[16]. Nel XII fu dapprima sotto la dominazione dei Fatimidi sciiti (969-1171) e successivamente degli ayyubidi di Salah al-Din ibn Ayyub.

TARSO

Non possedendo notizie certe circa l'autore del Romanzo, possiamo solo immaginare, dal cognome, che sia vissuto in un momento imprecisato del dodicesimo secolo a Tarso di Cilicia, luogo di convivenza d' importanti comunità di Persiani ed Ebrei accanto a Greci, Anatolici ellenizzati, Siriani e Romani. Il dominio bizantino si mantenne a Tarso fino alla fine del

---

[16] Laura Veccia Vaglieri, *Vocabolario arabo-italiano*, 1973.

VII secolo: occupata dagli Arabi alla fine del 780, per circa due secoli fu sede di un emirato, e uno dei più importanti centri militari nella lotta contro i Bizantini. Nell'agosto 965 l'imperatore Niceforo Foca espugna la città, completando la riconquista della Cilicia e iniziando da lì quella della Siria; nell'undicesimo secolo viene più volte assalita e saccheggiata dai Selgiuchidi, ma mai stabilmente occupata. Nel 1096, durante Ia Prima Crociata, Baldovino e Tancredi la occupano, lasciandola poco dopa ai rappresentanti dell'imperatore. Nel 1173 l'imperatore Michele Comneno concesse tutta la Cilicia in feudo al Rupenide Mleh (1170-1175), che si riconobbe suo vassallo. Il patto di vassallaggio fu rotto nel 1190 da Leone II Rupenide, che fu incoronato re della Piccola Armenia dal legato pontificio Corrado di Wittelsbach. Tarso divenne la capitale del regno e attraversò un lungo periodo di benessere e prosperità, anche grazie al commercio con Genovesi, Veneziani e Pisani.

INQUADRAMENTO STORICO: SELGIUCHIDI, TURCHI O PERSIANI?

Anche se Tarso non fece parte dell'Impero Selgiuchide, subì certamente l'influenza di quello che viene definito il "periodo d'oro"della letteratura persiana, epoca di scrittori come Nizami e Omar Khayyam.

Verso la fine dell'undicesimo secolo, nel nuovo impero Selgiuchide che si estendeva dalle steppe dell'Asia centrale alle sponde del Mediterraneo occidentale, il persiano era diventato una delle lingue veicolari insieme al greco, al latino e all'arabo.

I Selgiuchidi, il cui nome ricorda il leggendario antenato Seljuq, erano un ramo del popolo turco dei Ghuzz; due fratelli, Toghrul Beg e Chaghri Beg, furono i primi capi selgiuchidi ad entrare con i loro uomini in territorio iranico. Tra il 1037 e il 1042 sconfiggono i Ghaznavidi, conquistano

Merv[17], Nishapur[18], il Tabaristan[19], il Gurgan[20], il Khwarizm[21], e successivamente i territori governati dalla dinastia dei Buvaihidi - fino ad allora protettori ufficiali del Califfo - dando vita ad un regno dal carattere marcatamente feudale.

Nel 1055 Toghrul Beg entra a Baghdad e riceve dal Califfo il titolo di "Vice reggente del Successore del Profeta e Signore di tutti i Musulmani".

Muore nel 1063 e gli emiri nominano suo successore il figlio di Chaghri Beg, Alp Arslan: sotto la guida sua e del figlio Malikshah, il sultanato selgiuchide raggiunge il suo massimo

---

[17] Marw, l'ellenistica Amiochia di Margiana, oasi in pieno deserto equivalente a Palmira, fu una tappa importante del tragitto tra l'Iran e l'Oxus.

[18] Now Shapur, la Nuova Città di Shapur, porta dell'Iran a est, come Tabriz a ovest. Importante centro commerciale, nell'undicesimo secolo giunse a essere anche più importante di Baghdad. Fu soppiantata da Mashad.

[19] Rive meridionali del Mar Caspio; vi si praticava la coltura di riso, cotone, canna da zucchero, aranci e gelsi per l'allevamento dei bachi da seta: giunti in quesca regione dall'Asia Centrale, da qui si trasferiranno in Azerbaigian e Armenia.

[20] Pianura a est del Mar Caspio, oggi regione del Golestan con capoluogo Gurgan, un tempo Asterabad.

[21] Corasmia: pianura formata dal corso inferiore dell'Amu Darya e dal suo delta.

splendore, combattendo contro Bizantini e Fatimidi. Nel 1071 Alp Arslan sconfigge a Mazinkert i bizantini guidati da Romano Diogene, marito dell'imperatrice Eudocia, e i Selgiuchidi s'impadroniscono dell'Asia Minore.

È il primo atto del processo che porterà alla richiesta di aiuto da parte di Bisanzio alla Cristianità occidentale. Da qui avrà inizio la serie delle Crociate.

Alp Arslan muore nel 1073 per una ferita di pugnale infertagli da un prigioniero; gli succede il figlio Malikshah, che si trova a regnare su un territorio immenso, da Kashghar nell'Asia Centrale, fino a Damasco in Siria. Per qualche tempo la sua autorità viene rispettata anche nello Yemen e in altre parti d'Arabia, quindi praticamente in tutto il mondo musulmano.

Tranne in Egitto, dove regnano gli eretici Fatimidi, sciiti, che si dichiarano discendenti dalla figlia del profeta Fatima e dal marito di lei, 'Ali.

Il nome dei Fatimidi è legato a quello degli lsmailiti, rappresentanti di una forma estrema della dottrina sciita, il cui nome richiama nell'immaginario occidentale quello del signore di Alamut, Hasan Sabbah, il "Vecchio della Montagna" e dei suoi hashshashin, di cui narra anche Marco Polo: una sorta di milizia segreta ed efficientissima che i capi ismailiti utilizzano sia contro gli invasori Franchi sia contro i sunniti Selgiuchidi.

La vittima forse più illustre dei sicari ismailiti è in questo periodo Nizamu 'l Mulk, visir di Alp Arslan e di Malilkshah, che pare fosse stato in gioventu amico fraterno di Hasan Sabbah.

Alla morte di Malikshah fanno seguito lotte intestine fra suoi tre figli: Barkiyaruq, Muhammad e Sanjar che non possono non richiamare lo scontro tra i figli di Firuzshah di cui narra Tarsusi nella seconda parte del *Romanzo*.

Il primo di essi muore nel 1104: Muhammad perisce durante un assedio alla fortezza di Alamut nel 1118 e il terzo, Sanjar, nel corso del regno deve affrontare numerose crisi, ma viene comunque ricordato come grande protettore della poesia persiana.Non lascia figli e alla sua morte, nel 1157, l'impero si divide in varie zone governate dagli *ata-beg22*, che man mano rafforzano il loro potere fino a rendersi indipendenti. Si accentua così il predominante carattere feudale di questo periodo storico.

---

22 Considerato L'alto livello di mortalità dei membri della famiglia regnante selgiuchide, accadeva spesso che gli eredi fossero ancora fanciulli; venivano nominati allora dei tutori, chiamati *ata-beg*/padre de! principe, che generalmente sposavano la madre del loco protetto.

Sotto la dominazione dei Selgiuchidi la letteratura persiana esce dal recinto dorato delle corti e si espande nelle comunità urbane, muovendo da oriente verso occidente[23].

---

[23] Durante il Principato dei Samanidi e poi, alla loco sconfitta, sotto ii regno di Mahmud di Ghazna, *Firdūsī*/Il paradisiaco (934-1020?) compone lo *Shahnameh*/Libro del Re. Per l'influsso che esercitò sulla letteratura e sull'arte della Persia, ma anche per il rapporto quotidiano che i persiani hanno mantenuto sino ad oggi con i suoi versi, questo grande poema epico è abitualmente definito "La Divina Commedia di Persia".

PERSONAGGI
PRINCIPALI

BAHMAN

Nella leggenda iranica è un re della dinastia Kayanide, figlio di Esfandyar e nipote di Ghushtasp; marito di Humāy e padre di Darab. Nel Romanzo viene chiamato anche Ardashir, versione in media persiano diArtaserse, nome che puo riferirsi ad Artaserse Longimanus della dinastia degli Achemenidi, regnante dal 464 al 425 a.C., oppure ad Ardashir I, fondatore della dinastia dei Sassanidi.

DARA

Figlio di Darab, con tutta evidenza Dario Ill Achemenide: sale al trono alla morte del padre

Darab. Da notare che nel racconto iranico Dara, figlio di una moglie legale di Darab, come Iskandar, lo precede per età nell'asse ereditario. Tuttavia Eskandar prepara una spedizione contro l'Iran, il cui trono ritiene gli spetti per diritto di nascita. Dara si prepara a resistergli.

DARAB

Figlio di Bahman Ardashir e di Humāy. Nel Romanzo il nome Darab/nell'acqua riecheggia un antichissimo mito solare di origine greco/egizia cui ci rimandano anche le vicende di Mosé e della "assassina di Corinto", Medea: in tutti questi casi, studiati da Károly Kerényi[24], l'immersione in acqua o l'abbandono alle acque rappresentano la scomparsa del Sole nell'Oceano primigenio e la sua successiva rinascita nel pieno dello splendore e della regalità. Officiante di questo rito è una regina: Medea, che secondo Kerenyi non uccide ma immerge i figli nel calderone; la figlia del Faraone che recupera Mosé dalle acque a cui era stato abbandonato, Humāy che affida Darāb all'acqua. Non è possibile individuare un

---

[24] Mitologo e storico delle religioni ungherese (1897-1973) che pubblica insieme a Karl Jung testi fondamentali sull'origine e la psicologia del mito.

riferimento storico univoco per questa figura di re, che assomma in sé vari personaggi della storia e dell'epica iranica: da Khosrow Anushirwan il giusto a Shapur II e a Dario II il navigatore.

FILQUS

Filippo, re dei Romani. Sconfitto e umiliato da Darab, ci ricorda l'imperatore romano Valeriano, sconfitto dal Sassanide Shapur I, figlio di Ardashir I e raffigurato in posizione supplice nella incisione rupestre di Naqsh-e Rostam (tre chilometri a nord di Persepoli). Shapur ha la barba e i capelli lunghi e ricciuti e porta la caratteristica corona dei Sassanidi, dentellata e sormontata da una specie di palla: forse di seta, forse un turbante.

FIRUZSHAH

Secondo marito di Nahid, potrebbe essere ispirato alla figura di un principe armeno o indiano.

HUMĀY

Madre di Darab, figlia del re/nomarca/satrapo di Misr (Egitto) e quindi di discendenza iranica. Nel *Romanzo* acconsente a sposare Bahman Ardashir, l'unico tra i suoi pretendenti che la affronta e la sconfigge in singolar tenzone; dopo la morte di Bahman diventa Si- gnora dell'Iran. Lo humā è un uccello fiabesco del buon augurio, che volteggia senza mai toccare terra, e pronostica la corona a colui che copre con la sua ombra. In un Libro delle Meraviglie, una sorta di enciclopedia del XII secolo[25], ho trovato questa favoletta:

Lo humā è un uccello fortunato. Si trovava nel principato di Balasaghun e in ogni momento lo si vedeva volteggiare. Volteggiava in cerchio. Improvvisamente si posò sulla testa di uno e quell'anno ci fu abbondanza. Allora cominciarono a dire che chiunque fosse colui sulla cui testa si posava, quello avrebbero fatto re e gli avrebbero dato il regno. Poi per molto tempo questo humā non apparve. Un giorno un indiano camminava con un tizio e diceva - Se lo humā si posa sulla mia testa, potrei mandare in rovina il principato di Balasaghun!

---

[25] Muhammad ibn Mahmud Hamadani, *Agia'ib - Name*, ed. Jaafar Modarres Sadeghi, Teheran 1375/1996, p. 299.

Quell'altro disse - Se si posa sulla mia testa, io darò prosperità al regno. Lo humā scese e si poso sulla testa dell'indiano. Il popolo della citta lo acclamò re ed egli mandò in rovina il mondo. Un giorno un amico lo pregò - Abbi pietà dell'umanità! L'indiano rispose - Io sono la furia di Dio. Egli mi ha dato il governo: se l'umanità si fosse comportata secondo il volere di Dio, lo humā si sarebbe posato sulla tua testa. Poiché l'umanità si comporta male, si è posato su di me.

ISKANDAR

Alessandro il Macedone, figlio di Nahid e Darab, nel rispetto della tradizione persiana del Romanzo di Alessandro. Esistono due tradizioni, una occidentale e una orientale, o "persiana", del Romanzo di Alessandro, in persiano Iskandar Nameh. La prima fa capo al cosiddetto Pseudo-Callistene, un testo in prosa scritto probabilmente ad Alessandria d'Egitto tra il 200 a.C. e il 200 d.C.; la seconda discende da un esemplare in medio-persiano, che a sua volta si rifà ad una versione dello Pseudo Callistene. Nel Romanzo occidentale, Alessandro viene presentato come figlio dell'egiziano Nectanebo, faraone e mago.

LA'LA'

Nome sovente attribuito a schiavi. Questa figura ricorda l'eunuco La'La': al servizio del sovrano di Aleppo, nel settembre del 1114 approfitta del sonno del suo padrone per ucciderlo, e porre sul trono un bambino di sei anni. Nell'aprile 1117 l'eunuco stesso viene assassinato.

MEHRNUSH

Figlia di Filqus, quindi sorella di Nahid e zia di Iskandar. La violenza della sua passione per il giovane nipote, la sua tragica fine e la sostanziale indifferenza di Iskandar la avvicinano alla figura della Fedra greca.

NAHID

Figlia di Filqus, quindi principessa romana o bizantina. Viene definita kalum, donna separata, divorziata o vedova. Nahid è anche uno dei nomi di Anahita che è dea dal doppio volto, una sorta di Giano al femminile: uno sguardo a occidente, ed è Venere per i Medi e i Persiani occidentali;

uno sguardo a oriente, e appare in tutta la sua potenza di divinità delle acque, l'iranica Ardwīsūr e l'indiana Sarasvati.

ROSTAM

L'eroe più famoso e forse più amato dell'epica iranica. Vive più di cinquecento anni e deve affrontare sette prove di forza, come Ercole. Esempio di fedeltà eroica ai re di Persia, di lealtà ma anche d'indipendenza, campione dell'antica regione del Sistan. Nel Romanzo Zal e Rostam appaiono solo all'inizio della narrazione, che prende le mosse dalla morte di Rostam e del suo fedele cavallo Raxs.

RASHNAVAD

Campione e consigliere di Humāy, che spesso lo chiama "padre", per indicare il rispetto e l'affetto che gli porta, come lui la chiama "figlia" e non regina nei momenti di crisi, quando lei chiede ii suo consiglio e il suo appoggio.

REGINA ZENGHI

Darab e Temrusyyeh toccano la terra degli Zenghi navigando dall'Oman al Monte Qaf[26]: è Azania, la costa swahili, la terra dei neri zang (ovvero i bantu) che confina con l'isola persiana di Zanghe-bar/Mare degli Zenghi/Zanzibar[27].

TEMRUSYYEH E ANTUSYYEH

Moglie del re dell'Oman, dove Darab arriva fuggendo dall'Iran e viene imprigionato. Innamoratasi del principe, fa in modo che questi venga accompagnato di notte nella sua camera. La sorella Antusyyeh li scopre nello stesso letto ma è vittima del fascino del giovane principe. Il nome può essere letto come forma arabo/persiana di Artemisia, con riferimento alla regina della Caria, grande ammiraglia e valente navigatrice.

[26] Nel Romanzo non è una catena montuosa immaginaria sita ai limiti della Terra ma bensì il Monte Sinai.

[27] Numerose leggende sono sorte nei secoli lungo la costa dell'Africa orientale, e la maggior parte di queste racconta di un principe persiano (con o senza nome) che sposa una principessa *swahili*. Il popolo *Shirazi*, noto anche come *Mbwera*, è un gruppo etnico Bantu che abita la costa *swahili* e le vicine isole dell'Oceano Indiano. Sono particolarmente concentrati nelle isole di Zanzibar, Pemba e Comore.

ZAL

Figlio di Sam, principe del Sistan. Nasce con i capelli precocemente bianchi e il padre, temendo che sia un segno infausto, lo fa esporre sul Monte Albortz. Il bimbo viene soccorso dal Simorgh, uccello magico iranico forse identificabile con lo humā, che lo alleva nel proprio nido. Il suo nome significa "trenta uccelli". Qualche tempo dopo un sogno fa capire a Sam che suo figlio è ancora vivo: dopo averlo ritrovato lo conduce alla reggia di Manucher (sovrano della mitologia iranica) dove gli astrologi predicono per lui una sorte fortunata e gloriosa. Cresciuto, Zal s'innamora ancor prima di vederla di Rudabeh, la bella figlia del re di Kabul, così come la fanciulla s'innamora di lui udendone parlare dal padre.

UNA STORIA
DI DONNE PERSIANE
Il romanzo di Humāy e Nahid

Liberamente ispirato al *Darab Nameh*
di Abū Tahereh al-Tarsūsī (XII secolo)

1. HUMĀY

Tra i molti che tramandano notizie, trasmettono opere e recitano novelle e cronache, questo racconta Muhammad Abu Tahereh[28] ibn Hasan ibn 'Ali ibn Mūsa al-Tarsūsī: che Iddio lo ricopra di doni, nella vita presente e in quella futura. Zal-e Zar, dunque, che nacque con i capelli bianchi e fu temuto come demone, quindi abbandonato e allevato dalla Sīmorg[29]. Zal-e Zar che s'innamorò di Rudabeh, che aveva ciglia come ali di corvo e un viso bello come la luna, e da lei ebbe due figli: Rostam e Zawareh. Di questi il più grande fu Rostam: eroe leggendario, creatore e protettore di re.

---

[28] In persiano ci sono nomi femminili che si formano aggiungendo la lettera *hamza* alla fine del nome maschile. Questa piccola lettera, niente più di una goccia, può essere cancellata con facilità e il nome Tahereh essere tramandato come Taher.

[29] *Sī Morg*, trenta uccelli/ uccello del Paradiso, del giardino persiano cintato, *fardīs*/fenice e qualsiasi altro uccello magico che tribù indoeuropee abbiano fatto proprio e sacro, incorporandolo in tappeti, facciate di chiesa, miniatissimi capilettera.

Ci fu poi un terzo figlio, Shagād nato da schiava: Rostam non lo amava ed egli fuggì, se ne andò a Kabul e non gli andò male, perché ebbe in moglie la figlia del re. Ma non si liberò di Rostam, che ogni anno pretendeva un tributo dal re di Kabul e questa storia andava avanti ormai da molti anni, tanto che al re non rimaneva più di che pagare. Si sa che l'odio stimola la fantasia e Shagād escogitò il modo per liberarsi di un fratello e di un fardello.

"Invita Rostam qui a Kabul" suggerì al suocero "e nel frattempo dai ordine di scavare un pozzo all'ingresso della città ma bada che l'imboccatura sia coperta: Rostam arriverà, vi cadrà dentro e noi ci libereremo di lui".

Il re di Kabul ordinò dunque di scavare un pozzo e di disporvi sul fondo spade, giavellotti e lance. Ciò fatto, invitò Rostam e Rostam arrivò, fino alla porta della città e al pozzo: si spinse fino al ciglio del pozzo e vi cadde dentro, insieme al suo cavallo Rakhsh.

Riuscì tuttavia, gigantesco e possente qual era, ad arrampicarsi lungo le pareti fino a sporgere la testa dal pozzo: vide Shaghād che se la rideva, appostato dietro a un albero, e gli tirò una freccia con una forza tale che la freccia oltrepassò l'albero e arrivò al petto di Shaghād. E Shaghād crollò a terra, rendendo l'anima all'istante.

Allora anche Rostam venne ucciso e la notizia giunse nel Sistān: regno di Zal, padre dell'eroe. Qui si trovava fino a poco tempo prima, già l'abbiamo detto, Bahman figlio di Esfandyar ma se n'era fuggito quando era arrivata la notizia che suo padre era stato ucciso dal figlio di Zar, con l'inganno di una freccia fatata[30].

Si diffuse la notizia della morte di Rostam e rimbalzò di reggia in reggia, da un caravanserraglio[31] all'altro, fino a raggiungere Bahman che nel frattempo si era impadronito del regno che era stato di Ghushtasp e avrebbe dovuto essere di Esfandyar.

"La morte di Rostam non mi priverà della vendetta, restano pur sempre suo padre e sua madre e suo figlio e i suoi beni e i suoi castelli!"

Bahman dunque adunò l'esercito e comandò di allestire la tenda regale; schierò una milizia sterminata e la condusse verso una città chiamata Hormozan dove colse alla sprovvista Faramārz, figlio di Rostam, lo catturò, lo impiccò e tutto

---

[30] Penna di Simorgh: in caso di magie, incantamenti e sortilegi c'è sempre una Trenta-Uccelli di mezzo: Si-Morgh, parola persiana composta: trenta uccelli.

[31] Dal persiano *caravan-serayi* کاروانسرا . Serraglio: riparo, recinto e successivamente, in turco, edificio governativo, palazzo.

l'esercito di lui gli si sottomise. Poi ordinò di radere al suolo il castello che era stato di Rostam e sul terreno dove sorgeva coltivò il miglio per dodici anni, ma ancora non era contento, il figlio di Esfandyar.

Ordinò quindi ai suoi di portare a corte Zal, padre di Rostam, e Rudabeh sua madre. Quaranta guardie con le spade sguainate si presentarono al signore del Sistan ma quando gli comunicarono l'ordine di Bahman il vecchio eroe scagliò contro di loro un urlo tale che tutti i quaranta fuggirono. Ritornarono stravolti da Bahman.

"Signore, ci hai spedito in bocca a un drago!" gli dissero. "Quando abbiamo comunicato il tuo messaggio a Zal quello prima è scoppiato in lacrime, poi ha fatto uscire dalla sua gola un vento di tempesta: gridava invocando Rostam e infine ha lanciato contro di noi un urlo tale da terrorizzarci".

Quello che aveva parlato s'interruppe ansante e un altro intervenne.

"Avresti dovuto sentire la sua voce! Rostam, gridava, dove sei? Hanno distrutto la tua casata e ora fanno prigionieri tuo padre e tua madre! Credici: se vuoi prenderlo, comanda di armare cento schiavi e loro forse potranno portartelo dentro una rete".

Bahman comandò allora che cento schiavi fossero armati di tutto punto e ordinò inoltre che si scrivesse un firmān[32] che venne consegnato a Zal e Zal capì che ogni ribellione ormai sarebbe stata vana: levatosi, si recò con Rudabeh dinanzi a re Bahman. Questi ordinò di ospitare in casa la madre di Rostam ma a Zal riservò un diverso trattamento: fece costruire una gabbia di ferro e acciaio, delle giuste dimensioni, e ve lo fece rinchiudere dopo di che la gabbia fu appesa con catene all'ingresso del palazzo. Così tutti poterono vedere e valutare quanto fosse potente Bahman, nuovo re. Fatto ciò Bahman, signore dell'Iran, si dedicò al suo regno: dicono che abbia governato con equità e giustizia ma che ciò non sia servito a preservarlo dalla maledizione scagliata contro di lui da Zal che gli augurò di essere privato della vista per dodici ora al giorno. Pare che l'effetto della maledizione sia durato per dodici anni.

Raccontano che in terra d'Egitto viveva un re che possedeva un grande esercito e tesori senza numero. Lo chiamavano Sam Cioresh[33], e aveva

---

[32] Decreto

[33] Ovvero Kurush, ovvero Ciro in lingua ebraica.

una figlia di nome Humāy che era senza uguali per grazia e bellezza. Di lei si racconta che fosse valorosa e intrepida oltre ogni dire e che avesse giurato di sposare solo chi fosse riuscito a sconfiggerla a duello. Ogni giorno si armava in modo principesco e si recava alla piazza d'armi, montando un cavallo che pareva una montagna. Giungevano da ogni dove, al luogo delle sue esibizioni, animosi armati di coraggio e di forte apparenza e corporatura[34]. Ma chiunque si facesse vedere nella piazza e la affrontasse, nella speranza di unirsi a lei, ogni volta veniva disarcionato e gettato a terra, anche se pari come forza a un monte d'acciaio, e diventava tutt'uno con la polvere.

Ora accadde che Bahmān, chiamato anche Ardashir, dovette abbandonare all'improvviso il suo regno a causa della rivolta guidata dallo schiavo La'La'. Così arrivò fino in Egitto, dove nessuno lo conosceva, insieme a uno dei suoi servi di nome Pars. Proprio questo Pars, un giorno che era uscito per un affare urgente, capitò per caso nella piazza d'armi e fu trattenuto a lungo dallo spettacolo che vide, tanto che quando tornò Bahman gli chiese il motivo di tanto ritardo.

---

[34] Qualcosa di simile raccontano anche della figlia di un sovrano mongolo dell'Asia centrale, ma si parla di XIII secolo.

"La meraviglia che ho visto oggi in questa città" rispose il servo, "è tale che se te ne parlo tu ne sarai fatalmente attratto".

"Mi devi assolutamente raccontare tutto ciò che hai visto" insistette Bahman.

Pars raccontó, senza scordare nulla. La mattina seguente Bahman non indugiò: pronto a tutto, si recò al campo di battaglia di Humāy. Guardò. E vide, in quella piazza, una donna bella come un pavone che si pavoneggia. La sua figura era diritta come uno svettante cipresso e il suo volto faceva violenza alla luna piena; i suoi capelli neri facevano vergognare il muschio della Cina. Ogni leone che entrava in battaglia, dinanzi a lei diventava debole come una volpe. Bahman vide che nessuno aveva successo: ormai innamorato, si fece avanti e gli occhi del mondo furono su di lui.

"Non ci sono dunque più", esclamò, "uomini in grado di disarcionare una donna!"

Queste parole arrivarono all'orecchio di Humāy. Si voltò di scatto verso Bahman.

"Fatti avanti, sei ne hai il coraggio. Ti sistemerò come ho sistemato gli altri e ti farò fare la loro stessa fine!".

"L'avevo detto io" gemette Pars cercando di trattenere Bahman, "che saresti andato a metterti nei guai. Ti sei gettato da solo verso un precipizio mortale".

Bahman non lo sentiva già più, si muoveva verso il centro della piazza d'armi, con gli occhi fissi su Humāy. Lei ordinò che gli fosse portato un cavallo, un destriero che non aveva mai sopportato di essere montato e che non era mai stato sellato: davanti mordeva e dietro tirava calci. Nessuno era in grado di aggiustargli la sella e nessuno era abbastanza forte da ridurlo all'obbedienza e montarlo. Bahman, invece, salì in groppa con disinvoltura e lo portò a camminare in tondo, dimostrando una piacevole abilità. All'improvviso si trovò di fronte a Humāy e si scontrò con lei: attaccò senza esitazione, per primo, la disarcionò e la gettò a terra. Lei fu adagiata su una lettiga e trasportata nel quartiere delle donne, mentre Bahman e Pars si dileguarono.

Nel frattempo il La'La' di cui abbiamo detto, aveva inviato un messaggio al padre di Humāy.

"Mi è giunta notizia che Bahman è venuto a rifugiarsi nella tua città: devi catturarlo con ogni mezzo e spedirlo alla mia corte. Non esitare, perché saresti colpito dalla mia vendetta".

Sam Cioresh fu terrorizzato da questa minaccia e ordinò di cercare Bahman ma di lui non si trovò traccia. Il motivo era semplice: nessuno in città lo aveva mai visto, quindi nessuno era in grado di riconoscerlo. Quando si dice il caso: proprio allora arrivò in città, per caso, un mercante che conosceva Bahman. Sempre per caso, al mercante capitò di vedere Bahman alle porte della città, mentre ne usciva insieme al suo servo Pars. Non avrebbe più pensato a questo incontro, il mercante, se non avesse chiesto in giro il motivo dell'agitazione che si era sparsa per la città e se a questa domanda non avessero risposto raccontandogli la storia di Bahman.

"L'ho visto io, quel Bahman che state cercando!", esclamò quando ebbe compreso come stavano le cose. "Se vi spicciate magari riuscite a prenderlo, non è passato molto tempo da quando è uscito dalla città. Vi spiego io come riconoscerlo".

Detto, fatto. Quelli che avevano ricevuto le informazioni corsero da Sam Cioresh a riferire: loro ricevettero la ricompensa che era stata stabilita e Humāy fu spedita all'inseguimento di Bahman, con un seguito di duemila uomini. Ansiosa di vendicarsi per l'umiliazione subita, la ragazza si lanciò all'inseguimento del re. Quando gli fu vicina, lo riconobbe.

"Tu, giovane, dove vai così di nascosto? Non sei tu forse il figlio di Esfandyar, colui che ieri ebbe la meglio su di me? – così lo apostrofò – Fatti avanti e combattiamo un poco anche oggi, per vedere chi sarà favorito dalla sorte: se in questo combattimento io sarò vittoriosa, ti prenderò come mio schiavo. Se invece vincerai tu, io mi sottometterò a te".

"Signora", Bahman parlò con voce di miele, "tu ti sei fatta accompagnare da un bel numero di soldati ma io sono solo. È per questo che pensi di vincere?"

Humāy ordinò allora ai suoi uomini di farsi da parte e fu sgombrato il campo, affinché i due campioni si trovassero l'una di fronte all'altro.

I due si fronteggiarono e rimasero a lungo avvinti nella lotta: entrambi superbamente equipaggiati, entrambi pari come valore e come tecnica. Infine Bahman lanciò un urlo che fece tremare la terra: allungata una mano, afferrò saldamente Humāy per la cintura e la disarcionò.

Tutti i presenti applaudirono Bahman.

Humāy allora gli si sottomise e, con voce gentile, gli chiese perdono, quindi, con cento attenzioni e cerimonie, lo condusse in città.

L'esercito di Humāy passò agli ordini di Bahman. Così sostenuto, il giovane re dichiarò guerra all'usurpatore, allo schiavo La'La', e lo sconfisse, facendolo prigioniero.

Bahman Ardashir poté tornare nuovamente a sedersi sul trono dell'Iran.

Bahman trascorse giorni felici insieme a Humāy ma una mattina, mentre dava udienza assiso in trono, gli si presentarono alcuni uomini giunti dai confini del regno: chiedevano aiuto perché nelle loro montagne era apparso un dragone che divorava tutti i loro animali.

"Verrò e avrò ragione di quell'essere infernale, proclamò Bahman, e da solo si mosse e andò alla montagna".

Il dragone gli si parò dinanzi all'improvviso, spalancando le fauci e soffiando fuoco sulla pianura, tale che Bahman cadde a terra morto. Era andato incontro da solo alla sua rovina: il dragone gli si avvicinò e lo inghiottì in un solo boccone e il re sparì tra le sue fauci.

Cadde sul mondo la notizia che il dragone aveva divorato Bahman Ardashir e per tre mesi i principi e i grandi del regno, riuniti, lo commemorarono in lacrime.

Trascorso questo tempo, si dovette pensare alla successione: era necessario designare un re che si assumesse la responsabilità della corona a del trono.

I capi della nobiltà, del clero e dell'esercito

pretendevano un re di sangue reale ma Rashnavad, discendente di re e primo in linea di successione, aveva deciso che Humāy sarebbe stata la Signora della Persia e dell'Impero. Per ottenere ciò che voleva decise di mentire, cosa impensabile per un persiano: dichiarò che Bahman aveva sposato la fanciulla, onorata e di stirpe regale.

Venne il giorno dell'incoronazione, che dimostrò la saggezza della scelta di Rashnavad: la Persia aveva bisogno di un sovrano da amare. Arrivarono a Persepolis da ogni parte dell'Impero. Per molti fu un lungo viaggio ma in quei giorni era una gioia camminare. La primavera stava diventando estate, ai margini delle strade corolle multicolori spiccavano tra l'erba. Nella pianura irrigata l'orzo, il frumento e la spelta crescevano a meraviglia, intervallati dalle distese rosazzurre dei fiori del sogno. Pecore dalla coda grassa e mucche sonnolente se ne stavano sdraiate tra il verde, all'ombra dei boschetti s'intuiva la presenza silenziosa degli onagri. Le foglie degli alberi brillavano al sole come smeraldi; la luce limpida e serena alleggeriva il cammino. Non avrebbe potuto esserci momento più perfetto per una festa campestre e per una incoronazione. Le donne viaggiarono su carri coperti, gli uomini e i ragazzi a dorso d'asino o a cavallo. La pianura davanti alla reggia si riempì di una folla multicolore che parlava e cantava in tutte le lingue. Grasse casalinghe con le braccia cariche di cesti, venditori ambulanti di ogni tipo di mercanzia, vecchi guerrieri con le gambe incerte ma la schiena ancora diritta, giovani fanciulle con fiori nei capelli e ragazzi che le guardavano con occhi imbambolati. All'arrivo le donne stendevano sull'erba tappeti multicolori e vi disponevano noci, formaggio, erbe aromatiche e pane non lievitato. I bambini correvano ovunque gridando a squarciagola; gli uomini accendevano piccoli fuochi e preparavano la brace per la cottura della carne. Il popolo di Persia era un'unica grande famiglia in festa.

Le ore trascorsero pigramente, come in ogni giornata d'inizio estate. A palazzo si svolgevano i preparativi per la cerimonia. Lungo la scalinata e tutt'intorno alla piana di Marvdasht erano stati disposti gli uomini della guardia imperiale: a distanza di voce uno dall'altro, avrebbero avuto il compito di amplificare quanto sarebbe stato detto dalla terrazza. Qui, al tramonto, si sarebbe svolta la cerimonia dell'incoronazione. Il sole cominciò a scendere e un brivido di eccitazione attraversò come un'onda la pianura. A momenti sarebbe apparsa la Regina, accompagnata da tutta la corte. Il corteo si mosse dalle splendide stanze del Palazzo di Giamshīd, dove Humāy si era trasferita alla morte di Bahmān. Attraversato il grande cortile, la sfilata si diresse verso il Viale delle Processioni, fiancheggiato da alte colonne e statue di grifoni. La regina precedeva, seguita dai suoi consiglieri, e dietro di loro venivano i sacerdoti, i principi e i notabili del regno e infine gli ufficiali della Guardia Reale.

Humāy si muoveva a testa alta, le braccia distese lungo i fianchi. Indossava una lunga veste di broccato intessuta con fili d'oro e di seta verde smeraldo. Si guardava intorno con un sorriso e ci sentivamo tutti partecipi della sua gloria, dal Gran Sacerdote agli sguatteri che spiavano la cerimonia nascosti dietro alle colonne. Arrivava fino a loro il vocio della folla in attesa. Nel momento stabilito, Humāy si affacciò alla Porta di tutte le Nazioni.

Apparve tra i due enormi tori in pietra che la delimitavano: come previsto, la sua figura fu colpita dall'ultimo raggio del sole calante. La Regina apparve ai suoi sudditi avvolta in una fiamma dorata. Anche il sole rendeva omaggio a Humāy, fuoco sacro di Persia. La folla trattenne il respiro. Poi la luce si spense nel nulla e rimasero solo le fiamme accese nei bracieri. Apparve allora il volto di Humāy, come un dono inaspettato, e l'attesa si sciolse in un boato. Sei bellissima! Quello fu il momento in cui i persiani divennero poeti e impararono a cantare la bellezza come nessuno al mondo avrebbe mai fatto. Come previsto dal protocollo si avvicinarono a lei i dignitari che avrebbero dovuto incoronarla, ognuno portando i simboli della gloria reale.

Sorridendo dolcemente Humāy si chinò dinanzi a Rashnavād, che le pose sulle spalle il manto di Fereydūn. Allargò le braccia affinché Dastūr le allacciasse alla vita la cintura di Ghushtasp. Porse la mano destra a Giamharūn che le infilò al dito l'anello reale appartenuto a Giamshīd. Infine si avvicinò il decano della nobiltà. Portava tra le mani la corona di Gayumars, primo re del mondo: Humāy gli prese dalle mani la corona e si mosse verso il bordo della piattaforma su cui si trovavano. Con un gesto, ordinò a tutti i cortigiani di allontanarsi. In quel momento c'era solo lei, di fronte alla moltitudine dei sudditi. Quando fu certa che chiunque potesse vederla, alzò la corona sopra la propria testa e cominciò a parlare lentamente. Le sue parole risuonarono nel silenzio arrivando fino all'estremo limite della pianura, ripetute dalle guardie disposte ai margini della folla.

"Io sono Humāy, nata in Egitto da padre di stirpe persiana. Sono persiana".

Dunque Humāy assunse il potere e passarono i giorni: cominciò a operare con equità e giustizia e rese il mondo più sicuro; ritornarono a fluire le carovane, poiché furono regolati tributi e commerci. Il lupo prese a bere con l'agnello e il piccione a volare con il falco reale, mentre le gazzelle andavano al pascolo con le pantere.

Una sera, mentre la Regina sedeva con il cuore triste, le si avvicinò la nutrice e le chiese la causa di tanta tristezza.

"È qualcosa di cui un re non può parlare con nessuno, rispose Humāy. La balia insistette".

"Se ne parli con me, forse posso aiutarti a trovare un rimedio".

"Il mio signore mi ha inflitto una pena che ha lasciato il segno e di questo segreto nessuno è a conoscenza, eccetto Dio: da un mese non ho visto quei famosi giorni e ora temo che il frutto sia nato. Come può una donna senza marito caricarsi di un figlio, se non a costo di vergogna e paura?"

"Non solo" continuò, "se sarà maschio c'è anche il rischio che mi rubi il trono e la corona, e mi privi dell'autorità regale".

"Non angustiarti", la rassicurò la balia "io costruirò una cella sotto terra: quando tuo figlio sarà nato tu me lo affiderai e io lo sistemerò in quella cella e Dio, poi, deciderà la sua sorte".

"Farò come dici, promise Humāy".

Passarono i giorni e finalmente, una notte tra le tante, la Regina fu presa dai dolori e da lei nacque un figlio, da cui emanava una luce che avrebbe eclissato quella di un lume. La balia lo prese, lo lavò e lo avvolse con una fascia simile a quella con cui si legano le pecore che devono essere macellate. Lo portò via e lo nascose nel rifugio sotterraneo che avevano costruito nel frattempo. Proprio in quel periodo alla balia era morto un figlio così lei, mossa a pietà, porse il seno al piccolo e per il desiderio che sentì di nutrirlo il latte montò e uscì: lo allattò per sei mesi.

Una sera Humāy ordinò alla balia di portarle il figlio e quella glielo portò e glielo pose in grembo: vide un bimbo di grande bellezza, che pareva avesse almeno cinque anni, e subito s'impossessò di lei il timore che una volta cresciuto si impadronisse della corona e del trono. Ordinò dunque alla balia di tenerlo chiuso in casa fino a che la notte fosse diventata giorno e, contemporaneamente, dispose che il mastro falegname Farosh costruisse una cassa di legno solida e resistente. Quando fu sera il falegname consegnò la cassa, gli fu pagato il prezzo convenuto e fu congedato. Dopo che il mondo si fu fatto buio la regina, con le sue stesse mani, passò con la cera la cassa, all'interno e all'esterno, quindi la spalmò di pece; ne lucidò l'interno e vi dispose due pezze di raso bianco, due di colore rosa e due viola, altre due ne dispose all'esterno della cassa. Quindi fece portare il bambino e ordinò che fosse saziato di latte e adagiato nella cassa. Dispose intorno a lui cinque collane di perle, gemme del Badakhshan, rubini di Rey e tre pietre preziose, così luminose che illuminavano la notte. Scrisse poi una lettera che ricordava, a chi avesse raccolto la cassa, che quelle ricchezze dovevano servire per accudire il bambino e che quelle cure avrebbero creato un vincolo di parentela con lui.

Fatto questo fissò il coperchio della cassa, lo chiuse e lo sigillò con la ceralacca e comandò che chiamassero un ufficiale. Quando fu di fronte a lei, Humāy gli ordinò di prendere la cassa e gettarla nelle acque dell'Eufrate e quello si allontanò portando con sé la cassa. Alla balia si strinse il cuore, vedendo ciò che accadeva: si allontanò con una scusa e seguì quel bambino che aveva cominciato ad amare. Se ce la faccio, lo prendo e lo porto con me in città e poi cerco di allevarlo: arriverà il momento in cui Humāy si pentirà di ciò che ha fatto! Allora glielo restituirò. Con questi pensieri giunse in riva al fiume e si fermò in un angolo a guardare fino a che Farosh, dopo avere gettato la cassa in acqua si volse e se ne andò diretto alla reggia, dove informò la regina che il suo ordine era stato eseguito. Lei fece costruire a palazzo una prigione dove rinchiuse il falegname fino a che morì e solo allora il suo cuore si placò.

Torniamo alla balia: ferma sulla riva dell'Eufrate in attesa di poter prendere la cassa, la vide improvvisamente circondata da pesci che, attirati dall'odore della cera bianca, la trascinarono al largo. Per alcune volte affondò e riapparve in superficie, fino a che un pesce dalla bocca enorme vi si gettò sopra: in un lampo la cassa scomparve nell'acqua. La balia tornò da Humāy, si sedette e pianse. Poi raccontò cos'era successo al bambino, Humāy si spaventò: prese la balia e gettò anche lei nella prigione segreta. Nessuno avrebbe dovuto sapere cos'era successo. La cassa fu trasportata dall'acqua fino a che giunse in un luogo chiamato Villaggio di Mardū, dove c'era una insenatura e lì la cassa si infilò e si bloccò.

2. STORIA DI DARĀB, RACCONTATA DA LUI MEDESIMO

Mi hanno chiamato Darāb, che significa "nell'acqua", e non so nemmeno se sia un vero nome. Il fatto è che io sono stato realmente pescato dall'acqua e non si è mai saputo da dove fossi venuto. Il villaggio in cui sono cresciuto? Una manciata di case tutte uguali. Raramente la povertà stimola la fantasia. Capanne di paglia e argilla e mattoni cotti al sole; due stanze e un muretto che racchiude un pezzetto di terra da coltivare. Da quelle parti, sulla costa del Golfo, l'aria è calda e poco sana. La casa in cui vivevamo, però, era stata costruita da mio padre con tutti gli accorgimenti. Mattoni di fango cotti al sole per i muri e per il tetto piatto, dove si poteva dormire nelle notti più calde, e la grande innovazione del bod-ghir. È una specie di camino per catturare il vento e portarlo all'interno della casa: l'aria calda passa attraverso un rivestimento di foglie di palma, tenuto sempre umido, e si raffredda. Era ingegnoso, il mio primo padre, tanto quanto sua moglie Setāreh era laboriosa e sempre in movimento.

Marito e moglie vestivano in modo quasi uguale con casacche e pantaloni di stoffa tessuta da lei e poi tinta in azzurro per se stessa e in marrone per lui. Poveri, amavano la bellezza, com'è tipico dei persiani.

Hormōz, di mestiere lavandaio, era uomo non alto ma robusto, di carnagione e capelli color bronzo dorato. Le spalle larghe e forti, e la vita stretta, raccontavano la sua vita precedente. Era stato per anni pescatore di perle, mestiere abbandonato per amore di Setāreh. Minuta, lunghi capelli neri come la notte e volto pallido come la luna, lei era di origine ebraica. Discendeva da coloro che al tempo di Ciro avevano trovato rifugio in Persia. I suoi genitori le avevano dato il nome della famosa Ester amata dal re Artaserse. Alla persiana: Setāreh, stella.

Per sposare Hormōz, aveva posto come condizione che lasciasse il vecchio lavoro, non voleva che il mare glielo portasse via. In cambio era diventata una moglie perfetta. E, al mio arrivo, la migliore madre che si potesse desiderare. Mai ferma, teneva la nostra casetta pulitissima e profumata. Usava coprire il pavimento di terra con stuoie ed erbe odorose che cambiava ogni giorno. Mai puzza di pesce, in casa nostra.

Setareh cucinava delizie che appartenevano alla tradizione del suo popolo e, in particolare, custodiva il segreto di un pane non lievitato che solo lei sapeva fare, il cui aroma riempiva ogni mattina di gioia il mio risveglio. Mi basta pensare a lei per sentire ancora in bocca il sapore dei miei piatti preferiti. Il montone alla griglia odoroso di cannella e cumino selvatico, guarnito di pinoli uva secca e mandorle! Servito con carciofi selvatici cucinati nel latte, aveva il sapore dell'amore.

Questa la mia infanzia, che finì il giorno in cui vidi i cavalieri, una schiera di uomini montati su enormi cavalli sauri. Si muovevano in fila lungo il limitare del bosco che confina con il villaggio dove sono cresciuto. Rimasi incantato alla vista delle loro vesti e delle loro armi. Non avevo mai visto nulla del genere: alti sulle loro selle, indossavano cotte di maglia che brillavano al sole. Con il braccio sinistro sostenevano enormi scudi e con il destro impugnavano spade, lance o giavellotti. I miei compagni di gioco, i ragazzi del villaggio, al vederli erano scappati impauriti. Il loro aspetto era tale da incutere timore; io invece ne fui affascinato e ardevo dal desiderio di essere uno di loro. Quella sera mi addormentai con la loro immagine negli occhi. Il mattino seguente precipitai nella più profonda tristezza al pensiero che non li avrei più rivisti. Da quel momento nulla fu come prima.

La mattina dopo il ricordo occupava ancora la mia mente. Chi aveva più voglia di lavorare! Riuscivo solo a pensare che avrei voluto diventare un cavaliere. D'altra parte, ogni volta che si giocava a "Ciro-in-trono", gli altri ragazzi mi sceglievano per impersonare Ciro. Dicevano che ero alto di statura e biondo come un re. Questo voleva ben dire qualche cosa! In fin dei conti nessuno sapeva di chi fossi veramente figlio.

Le cose erano andate così. A un anno dal loro matrimonio, la felicità di Hormōz e Setāreh fu spezzata dalla morte del figlioletto appena nato. Il piccolo non aveva resistito al clima terribile della costa ed era morto dopo soli venti giorni di vita. Il giorno in cui cominciò la mia vita come Darāb, Hormōz si era recato al fiume con una cesta di biancheria da lavare. In quei giorni trascorreva molto tempo fuori casa perché non riusciva a trattenere le lacrime, pensando al figlio morto, e non voleva far soffrire Setareh. Quella mattina, dunque, se ne stava in riva al fiume Andanis, che scorre accanto al villaggio. Batteva i panni e piangeva, li sciacquava e piangeva. Non riusciva a trattenersi. Smise solo quando vide arrivare Setareh che gli portava il pranzo, come ogni giorno. Sedettero su una roccia e cominciarono a mangiare, rasserenati dal fatto di essere insieme. Al termine del pasto Setareh gli ricordò che avrebbe dovuto raccogliere un po' di legna prima delle piogge invernali, perché quella in casa era finita.

Scrutando l'acqua alla ricerca di rami e tronchi il suo sguardo cadde su una cassa che galleggiava a poca distanza dalla riva. Entrò subito in acqua, la raggiunse e la trascinò a terra. Sembrava integra e non fu difficile aprirla. Avvolto da pezze di raso bianco, dentro la cassa dormiva serenamente un neonato. Intorno a lui erano state disposte cinque collane di perle, svariati rubini balasci, tre diamanti e molte monete.

"Te l'avevo detto" esclamò Setareh battendo le mani per la gioia. "Dio restituisce sempre quello che ha tolto. Ecco che ci ha dato un nuovo figlio!"

Il bambino spalancò gli occhi e rise. Setāreh, commossa, lo attaccò subito al seno. Lei e Hormōz mi hanno raccontato mille volte quel momento. Da quel giorno erano trascorsi sedici anni.

Ero diventato abbastanza abile nel lavoro di lavandaio e spesso i clienti prendevano in giro il lavandaio. Gli dicevano che presto il figlio avrebbe superato il padre. Lui a quelle battute rideva, orgoglioso, e rispondeva che aspettava con ansia il momento il cui avrebbe potuto riposarsi e lasciare a me tutto il lavoro. Pover'uomo! Non l'ho ripagato come si sarebbe meritato per tutto l'amore che mi ha dato. La nostra felicità finì appunto la mattina dopo l'incontro con i cavalieri. Non avevo voglia di far nulla, quel giorno. Mi sarebbe piaciuto che mio padre mi lasciasse in pace, a fantasticare. E invece.

"Cosa ti prende oggi?" gridò vedendomi ozioso. "Muoviti e dammi una mano! I poveri non mangiano se non lavorano".

"Comprami un giocattolo perché sono triste!"

"Un giocattolo? Tanto alto ma ancora un bambino!" Voleva dire che solo i bambini fanno i capricci per sfuggire il proprio dovere. "Cosa preferisci: un tamburo o una trombetta, un carretto o un cavallo di legno?"

La sua risposta mi fece infuriare. Solo Setareh mi capiva. Lei ripeteva spesso che io non ero un lavandaio ma un principe abbandonato! Ogni volta che ne parlavamo tirava fuori, da sotto il letto, la piccola cassa dentro cui mi avevano trovato. Se chiudo gli occhi, vedo ancora i gioielli che vi erano riposti. Il legno della cassa doveva essere stata ripassato con la cera e spalmato di pece, perché non aveva lasciato passare nemmeno una goccia d'acqua. E quindi, poteva un principe accontentarsi di giochi da bambino?

Cercai di rispondere per le rime alla presa in giro di Hormōz.

"Ascolta bene, questo è ciò che desidero: un cavallo da battaglia dalle zampe robuste, una cotta di maglia, uno scudo da mano e una lancia di pioppo bianco".

"E cosa te ne farai tu, piccolo lavandaio? - mi rispose lui ridendo".

"Se me le compri io farò anche il tuo lavoro!"

Hormōz allora si alzò, andò al bazar e comprò un cavallo e una sella, con agganciata una mazza, e me li portò. Non proprio quello che avevo chiesto! Il solo fatto di essere padrone di un cavallo, comunque, e di una sella mi riempiva di orgoglio. Era come se una voce dentro di me mi dicesse che cavalcare era l'unica attività degna di un uomo.

Mi affrettai a sistemare la sella e trattai piuttosto male Hormōz che mi voleva aiutare.

"Allontanati padre!" gli gridai, montando in sella con un salto e partendo al galoppo. "È meglio che pensi tu a lavare e stendere i panni sulla pietra! Io ora desidero cavalcare e andare a caccia"

Sentii che mi ordinava di scendere ma non gli badai. Lui allora si rivolse al nostro servo:

"Vai a prenderlo per un orecchio e portalo a lavorare!"

Vidi il servo che si avvicinava: giuro che non so cosa mi prese in quel momento, ero diventato un'altra persona. Aspettai che il servo si avvicinasse e allungasse la mano verso di me. Allora lo afferrai per un lembo del vestito e lo colpii sulla testa con la mazza. Tanto forte che cadde e morì. Hormōz si precipitò verso di me gridando.

"Vieni giù, figlio disgraziato, sei la mia rovina!"

"Tu non sei mio padre!" Urlai. "Vattene, prima che faccia lo stesso con te!"

Cercò di farmi scendere da cavallo. Allungò la mano per afferrarmi i capelli ma io fui più veloce di lui. Lo colpii in viso e vidi il sangue scorrere sui suoi occhi. Quegli occhi che si erano sempre rivolti a me con amore. Mi sentii gelare. Avrei voluto fermarmi, prenderlo tra le braccia. Troppo tardi, il mio destino si stava compiendo. Volsi il muso del cavallo verso il bosco e mi lanciai al galoppo.

Seppi in seguito che Hormōz aveva chiesto udienza all'emiro Mardū, signore del villaggio. Gli aveva esposto le mie colpe e aveva chiesto giustizia. Il principe, imparentato alla lontana con la famiglia reale, stava cacciando nelle vicinanze. Aveva ascoltato le lamentele del pescatore, meravigliandosi per quel comportamento di un figlio verso il padre. Ammesso che non ero suo figlio, Hormōz gli aveva raccontato come mi aveva salvato dalle acque. Dopo questa confessione pensò solo ad andarsene, il più possibile lontano da Mardū e da me. Ritornò al villaggio con la morte nel cuore.

"Dove troverò il coraggio di dire a Setāreh che abbiamo perso nostro figlio?"

Entrò in casa a testa china. Senza dire nulla si diresse verso la stanza da letto: prese la cassa in cui mi avevano trovato, la aprì e ne estrasse tutti i gioielli. Solo allora guardò la moglie, che l'aveva seguito in silenzio. Allungò una mano e prese una delle sue.

"Dobbiamo andarcene, Setāreh" le disse con il pianto nella voce. "Qui potremmo essere in pericolo".

Lesse nei suoi occhi la domanda cui non avrebbe voluto rispondere.

"Darāb se n'è andato per sempre" disse in un

soffio".

Lei non fece domande. Si affrettò a raccogliere poche cose per il viaggio e gli si affiancò con il fagotto in mano.

"Andiamo, Hormōz, sono pronta".

Chiusero la porta e si avviarono, lanciando un ultimo sguardo alla loro casetta. Solo in seguito venni a sapere di questa loro idea di fuga che durò pochissimo, lo spazio di un mese. Hormōz non aveva trovato lavoro altrove e avevano deciso di ritornare. Intanto io, all'oscuro di tutto, pensavo solo ad allontanarmi da mio padre. Non volevo cedere al desiderio di tornare da lui per chiedergli perdono. Mi allontanai dal villaggio e mi diressi verso il bosco, dove avevo visto passare i cavalieri. Qui m'inoltrai tra gli alberi, senza una meta precisa. Per la prima volta nella mia vita ero libero. Allora ero troppo giovane per sapere che essere liberi non significa sempre essere felici. Mentre trotterellavo lentamente tra gli alberi, mi sentivo sperso e confuso come un bambino. Eppure avevo ottenuto tutto quello che desideravo: possedevo un cavallo e un'arma e non ero più obbligato a lavorare. Mi ero illuso di essere un uomo. Immerso in tristi pensieri, lasciavo il cavallo libero di muoversi come gli piaceva.

A poco a poco, però, la tristezza si trasformò in curiosità e cominciai a guardarmi intorno. Era il momento dell'anno in cui l'inverno lascia il posto alla primavera. Sui rami degli alberi e nelle radure il verde scuro dell'inverno cedeva il posto al tenero smeraldo della nuova stagione. Alberi e piante di ogni forma e dimensione si aprivano al mio passaggio, scoprendo praticelli coperti dai primi fiori bianchi e gialli, i colori della primavera. Arrivato a una radura delimitata da due ruscelletti fermai il cavallo, scesi e mi sdraiai sull'erba. Era profumata e morbida come le lenzuola del mio letto, lavate e asciugate al sole da Setareh.

L'aria era così dolce, e io avevo tanta voglia di dimenticare i miei problemi, che presto mi addormentai. Non so per quanto tempo dormii. Mi svegliai sentendo un rumore di voci e un cozzare di metalli. Non pensando a possibili pericoli, balzai in piedi e mi diressi verso l'origine di quei suoni. Non dovetti cercare molto. Uscito dal boschetto mi trovai di fronte a una folla di uomini a cavallo, tutti rivestiti di tuniche e pantaloni e corazze, di vari colori. Credetti fossero i cavalieri che avevo visto il giorno prima e mi diressi tutto allegro verso di loro. Quegli uomini, bellissimi ai miei occhi, stavano aspettando proprio me e non avevano intenzioni amichevoli. Come capii ben presto, erano i cavalieri cui l'emiro Mardu aveva ordinato di cercarmi, catturarmi e portarmi a corte. Quando mi avevano visto arrivare si erano scambiati un'occhiata.

"Per chi ci ha preso l'emiro, per delle nutrici?" sembrava volessero dire. "Questo è un bamboccio da sculacciare, non un guerriero da sconfiggere!"

Un bamboccio? Io, Darāb? Mi prese la stessa furia che mi aveva fatto uccidere il servo e insultare Hormōz. Agguantai la mazza e mi precipitai contro di loro, roteandola minacciosamente, sicurissimo che li avrei sgominati facilmente. Vorrei poter dire che mi catturarono perché loro erano molti e io uno solo. E che hanno fatto piovere su di me una pioggia di spade, lance, giavellotti, frecce, scimitarre e asce da guerra. Niente di tutto questo. Fu sufficiente che uno di loro estraesse un laccio e me lo lanciasse addosso, legandomi come si fa con le fascine di legna e tirandomi giù da cavallo. Gli altri intorno se la ridevano a più non posso. Legato com'ero, mi buttarono di traverso sulla sella del mio stesso cavallo. Uno di loro prese le redini e si lanciarono al galoppo. Poco dopo arrivammo in vista di un edificio che non avevo mai visto. Immaginai fosse la dimora dell'emiro Mardū. Quando arrivammo mi fecero scendere da cavallo, mi trascinarono in un sotterraneo e mi gettarono in una cella. Ero talmente spaventato che non avevo nemmeno la forza di parlare. Riuscivo solo a pensare a quanto mi stava costando la ribellione contro Hormōz. Feci un giuramento. Se Dio mi avesse concesso di tornare dai miei genitori, sarei stato per tutta la vita un figlio ubbidiente e volonteroso e avrei amato di tutto cuore il mio lavoro di lavandaio. Il futuro che mi aspettava era molto diverso.

L'emiro Mardū aveva deciso di farmi giustiziare. Voleva mostrare ai suoi sudditi qual era la punizione per chi non rispettava i genitori e l'autorità. La mattina dopo ordinò di tirarmi fuori dalla prigione e portarmi nel luogo delle esecuzioni. Fatto questo, si recò nel quartiere delle donne per invitare sua moglie ad assistere alla mia uccisione.

La moglie di Mardū era una donna intelligente e furba. Quando il marito le parlò di me, capì subito che sarebbe stato interessante indagare chi fossi. Così lo convinse a sospendere l'esecuzione.

"Chiamiamo il nostro astrologo" gli disse con la sua voce più dolce prendendogli una mano tra le sue "e ordiniamogli di chiedere alle stelle se questo ragazzo ha un oroscopo potente. Se così fosse, possiamo fargli credere che è nostro figlio, conquistare il suo cuore e farne il nostro erede".

L'astrologo prese l'astrolabio, si allontanò e si rifece vivo dopo un'ora. Mardū e la moglie ascoltarono eccitati il suo responso.

"Le stelle non mentono, mio signore. Ho visto nei miei calcoli che il mondo intero sarà dato in dote a questo ragazzo: non saranno trascorsi tre anni ed egli sarà chiamato Signore del Mondo".

L'emiro lo premiò con una splendida veste, mentre la moglie fece portare a me una veste di seta e un nobile cavallo. Vennero loro stessi alla prigione, seguiti da tutta la corte. Io allora non sapevo nulla della storia dell'astrologo e mi chiedevo cosa stesse accadendo.

"Perché costoro fanno tutte queste scene, se devo morire?" pensavo. "Mi sembra una presa in giro".

Comunque feci finta di nulla e quando mi portarono alla presenza dell'emiro lo salutai rispettosamente con un inchino. Lui si avvicinò e mi abbracciò. Mi chiese come mi chiamavo e di chi ero figlio.

"Non lo so principe", gli risposi, mentre mi chiedevo cosa stesse accadendo nella mia vita che fino a quel momento era stata così semplice e tranquilla. "Hormōz il lavandaio mi ha trovato in mare e mi ha salvato. Mi ha chiamato Darāb e mi ha fatto da padre. Io gli sono riconoscente e mi pento del mio comportamento! Giuro che non lo farò più".

Mi rivolse un sorriso triste.

"Figlio mio", mormorò accarezzandomi una guancia, "figlio mio ritrovato!"

Io lo ascoltavo a bocca aperta per lo stupore.

"Siedi e ascolta il mio racconto" continuò, mentre i servi si precipitavano con grandi cuscini per me, l'emiro e sua moglie. "Devi sapere che io ho sempre desiderato tantissimo avere un figlio maschio. Quando mia moglie partorì una femmina io per la rabbia gliela strappai dalle braccia e la uccisi. Un anno dopo, mentre ero a caccia, tua madre ti partorì e si volle vendicare. Non condannarla: in quel momento il suo cuore era ancora pieno di dolore. Ti fece deporre in una cassa e gettare in mare".

A queste parole, la moglie venne verso di me, si gettò ai miei piedi e mi abbracciò le ginocchia, piangendo a dirotto con alti lamenti.

"Perdonami figlio, perdonami se puoi!" gridava con voce straziante. "No, no, non posso chiederti di perdonarmi! Sono stata una madre snaturata" e intanto si batteva il petto e si strappava i capelli.

Lo faceva in modo così esagerato che uno più esperto di me avrebbe capito subito che stava fingendo. Io ero un ragazzino ignorante, allora, e mi sconvolse vedere quella grande signora in lacrime e in ginocchio davanti a me! Marito e moglie si alternarono a lungo in quella commedia. Oggi so che era una commedia! Allora ero certo di avere di fronte a me due persone meravigliose. Riuscite a immaginare la mia situazione?

Fino al giorno prima ero un trovatello, accolto come figlio da un povero lavandaio. Ora mi scoprivo figlio di un principe il cui solo nome fino al giorno prima mi incuteva terrore. M'insediai a palazzo. Nella regione si diffuse la notizia che il principe Mardū aveva ritrovato l'erede che credeva morto. Io cominciai a trascorrere il tempo tra caccia, gioco della palla, banchetti e bevute. Dimenticai la mia vecchia vita di piccolo lavandaio.

Per un bel po' di tempo mi crogiolai nel piacere di essere servito e riverito. Non avevo nulla da fare, se non divertirmi di giorno e stordirmi di notte. Dopo i primi giorni, tuttavia, la nostalgia di Hormōz e Setāreh si fece sentire. Mi accorsi che tutti profumi del palazzo non riuscivano a cancellare quello di sapone e pane caldo in mezzo al quale ero cresciuto. Non durò a lungo, comunque, perché ci si abitua presto al passaggio dalla povertà al lusso. I veri problemi cominciarono dopo circa due mesi. Mardū, satrapo di Caramania, da quattro anni non pagava il tributo a Humāy, signora dell'Iran. Arrivò il momento in cui lei perse la pazienza e inviò un manipolo di uomini a pretendere il pagamento. Erano guidati dal generale Zahak. L'emiro mio padre accolse con tutti gli onori l'inviato della regina. Imbandì un sontuoso rinfresco e gli chiese una settimana di tempo per raccogliere la somma dovuta. Io ero seduto alla sinistra di Mardū. Ero stupefatto alla vista di quel generale, scuro di pelle e di capelli. Appariva fortissimo e imbattibile.

Non so cosa mi sia preso, a un certo punto, forse la voglia di farmi notare da quell'uomo meraviglioso. È difficile ricordare quello che pensavamo quando eravamo ragazzi. Fatto sta che Mardū aveva appena finito di parlare quando mi alzai in piedi con foga, sbattendo sul tavolo il calice da cui stavo bevendo.

"A quanto pare siete tutti spaventati da questa Humāy! Ma chi sarà mai? Io non ho paura di lei!"

Mardū non era certo un cuor di leone e si precipitò a scusarsi con Zahak. Quello si alzò senza parlare e lasciò la sala. Udimmo che dava ordine ai suoi uomini di schierarsi nel cortile del palazzo. Il vino mi rese allora più stupido di quanto effettivamente sono. Con aria da spaccamontagne proclamai che io, principe Darāb, non avevo paura di nessuno. Avrei affrontato da solo Zahak e i suoi uomini! Potete immaginarvi la scena: nella mano destra la spada, nella sinistra la lancia di pioppo bianco, uscii a grandi passi dalla sala del banchetto. Attraversai il cortile e andai a fermarmi di fronte a Zahak. Come mi raccontò in seguito, il generale era già rimasto stupito dal contrasto tra il mio aspetto e quello dei miei supposti genitori. Mardū era un ometto di bassa statura e rotondetto, mentre sua moglie era alta, di carnagione giallastra. Nulla in lei ricordava la tradizionale bellezza delle donne della costa africana, da cui si diceva venisse. Quando mi vide marciare verso di lui con aria arrogante, fu incerto se trattarmi come un ragazzino e rispedirmi indietro con un bel calcio. Oppure trattarmi con la considerazione dovuto al figlio del principe.

Scelse questa strada e mi chiese cortesemente se volevo affrontare tutti i suoi uomini insieme o se mi accontentavo di un campione in rappresentanza di tutti. Mi degnai di accettare l'indicazione di un campione, senza accorgermi che nel frattempo Zahak e i suoi sogghignavano alle mie spalle. La fortuna aiuta gli stolti: quando il campione di Zahak si lanciò contro di me roteando la spada, io scagliai la lancia e questa andò a ficcarsi esattamente nel suo occhio destro. Giuro che ero più stupito e spaventato del mio avversario! Immediatamente gli uomini di Zahak mi circondarono con le spade sguainate. Mardū si lanciò al mio fianco, agitando le braccia e gridando a Zahak che ero solo uno sciocco ragazzo e che non lasciasse che mi facessero del male. Senza una parola, con aria disgustata, gli uomini di Humāy rinfoderarono le armi, girarono i cavalli e se ne andarono per tornare a Istakhr. Avrei voluto sprofondare dalla vergogna. I giorni che seguirono non furono allegri.

Il mio nuovo padre temeva la reazione della corte. Era talmente terrorizzato che aveva smesso di mangiare e di dormire. Trascorreva le ore rannicchiato su un divano, torcendosi le mani con alti lamenti. Sua moglie però, tanto furba quanto brutta, lo convinse che era meglio non pensare a quello che era successo ma prepararsi a ricevere una convocazione a corte. Naturalmente aveva ragione. Non erano trascorsi dieci giorni quando ricevemmo l'ordine di presentarci a corte per la festa dell'anno nuovo. Arrivammo a Istakhr al crepuscolo e ci dirigemmo verso il caravanserraglio. Era una costruzione a due piani, in mattoni cotti, che aveva al centro un grande cortile dove riposavano gli animali. Al piano terra si trovavano i depositi e le botteghe mentre le stanze per i viaggiatori erano al primo piano. Scorto un inserviente che ci faceva segno, gli affidammo i nostri cavalli e ci recammo alla stanza che ci era stata assegnata. La mattina dopo ci muovemmo di buon mattino.

Superata la folla che si accalcava fuori dal palazzo, ci affacciammo sulla soglia e ci fermammo in un angolo, a raccogliere le idee. Fu allora che accadde. Davanti a noi c'era un mare di teste e da qualche parte, all'improvviso, si alzò un canto. Mardū mi aveva raccomandato, entrando, di non alzare mai lo sguardo sulla sovrana, perché è pericoloso guardare i re. Io non vedevo e non capivo nulla. A un certo momento sentii una scossa, come se mi avesse toccato una medusa di mare.

Fui certo, chissà perché, che la regina mi stesse guardando. Sollevai di scatto la testa e puntai lo sguardo verso il fondo della sala, dove c'era il trono. Non avevo mai visto una creatura così bella. In quel momento e a quell'età, non avevo ancora acquistato la capacità di distinguere tra verità e bellezza.

Per me erano la stessa cosa. Se una donna aveva il sorriso di un angelo e la voce di un angelo non poteva essere che un angelo.

3. HUMĀY E DARĀB

Il palazzo di Humāy sorgeva intorno a una piazza centrale, aperta su un lato, le cui mura erano orientate verso Capella[35]. Quando Humāy salì al trono, Istakhr era solo un centro religioso dedicato al culto di Anahita, dea delle acque, della fertilità e dell'abbondanza. Lei aveva compreso l'importanza strategica della sua posizione sul margine settentrionale della piana di Marvdasht, che le permetteva di dominare la pianura, e l'aveva ingrandita, trasformandola in una fortezza inespugnabile di cui aveva fatto la sua capitale. La cittadella era a pianta circolare, cinta da mura con alte torri rotonde, e tutt'intorno si stendevano orti e giardini; più oltre brillava la pianura, immersa nella luce chiara del mattino. La Sala delle Colonne, cuore del palazzo, era una immensa

---

[35] Capella, detta anche Capra, è la stella più brillante della costellazione dell'Auriga, la sesta stella più luminosa del cielo notturno nonché la terza stella più brillante dell'emisfero celeste boreale, dopo Arturo e Vega (Wikipedia).

veranda chiusa su tre lati da imponenti colonne, ornate da capitelli a forma di aquila. Sostenevano un soffitto dipinto di azzurro, talmente alto da confondersi con il cielo; il pavimento era ricoperto da leggeri tappeti in seta di diverse grandezze, colori e disegni. Dal trono all'ingresso si stendeva un lungo tappeto, impreziosito da pietre dure e gioielli, che rappresentava un grande prato fiorito ed era conosciuto come farsh-e bahār, il tappeto della primavera.

In quei giorni la strada che portava alla cittadella di Istakhr era percorsa da un flusso ininterrotto di persone che si dirigevano verso la fortezza. Funzionari imperiali e rappresentanti di tutti i Paesi dell'Impero si erano messi in viaggio mesi prima, lasciando le loro terre e dirigendosi verso il cuore dell'impero. Mentre il corteo ancora sfilava attraverso la città, l'interno della Sala era già gremito di folla. La processione dei cortigiani e dei sudditi avanzava lentamente e ininterrottamente dalla porta al trono: qui ognuno si prostrava, con gli occhi bassi e la mano destra alzata a coprire la bocca, porgeva alla Sovrana il dono rituale e andava al posto che gli era stato assegnato. Era un fiume variopinto di dignitari coperti di sete e broccati, di guerrieri dalle elaborate cotte di maglia su tuniche di lino, di rappresentanti dei vari popoli dell'Impero abbigliati secondo i costumi tradizionali: dai bianchi chitoni dei greci della Ionia ai pesanti gioielli dei Saci dalle preziose porpore dei Fenici alle elaborate parrucche degli Egizi e agli elmi dorati dei Traci.

La Signora dell'Iran presiedeva alla cerimonia assisa su un alto trono dallo schienale forgiato a testa d'aquila, il suo animale totemico, simbolo di un potere che nessuno le aveva donato ma lei stessa aveva conquistato. Sedeva eretta - zigomi alti, naso affilato, folti capelli d'oro antico - e, come voleva la tradizione per questa occasione della celebrazione del Now Rūz, indossava una tunica aderente di seta gialla con ricami di un giallo più intenso, su cui spiccava una collana d'oro rosso, e una sopravveste di broccato color ametista: il giallo delle primule e dei narcisi, il rosso dell'ibisco e dei tulipani, il viola del colchico persiano.

Humāy scrutava la sala. All'improvviso lo sguardo le cadde su Darab: l'amore l'assalì e un tremito la invase. Fissò lo sguardo su di lui e continuò a guardarlo attonita. Anche lo sguardo di Darab cadde su Humāy. Per quanto si sforzasse, la Regina non poté distogliere lo sguardo dal ragazzo: si guardarono l'un l'altra tanto fissamente, che da entrambe le mammelle di lei sgorgò latte, sicché la sua camicia si bagnò tutta davanti. L'emiro Mardū, intanto, schiacciò un piede a Darab.

"Non guardare!" bisbigliò. "I dignitari si sono accorti che Humāy ti guarda e tutti, nobili e plebei, stanno fraintendendo e si chiedono cosa significhi ciò".

All'improvviso Humāy, incapace di sopportare oltre, si alzò, prese Rashnavad per mano e rientrò nell'harem. I comandanti se ne andarono e la folla si disperse. Rashnavad la interrogò.

"Mia Regina, hai dimenticato il tuo onore? Ti ho visto angustiata quanto mai prima ti vidi".

"Oggi mi è accaduto qualcosa" rispose lei, "che mai capitò ad alcuna prima! Sedevo in trono quando, all'improvviso, il mio sguardo cadde su un ragazzo straniero e mi sgorgò latte dalle mammelle, bagnando la camicia. Non capisco perché sia successo!".

"Ciò che ti è accaduto può capitare a una donna che abbia il figlio, e non l'abbia visto per un certo tempo: quando all'improvviso lo rivede, per amore le sgorga latte dal seno. Ma tu non hai avuto alcun figlio, e quindi come è potuto accadere ciò?"

"Non capisco…"

"Le cose stanno così". Rashnavad sapeva essere paziente, "Dio ha creato le donne con due vene che collegano il fegato alle mammelle. Lo sperma passa dai lombi del padre all'utero della madre e diventa sangue e la potenza divina fa sì che questo sangue appaia in superficie e che il fegato della madre si riempia di sangue fino al momento in cui nasce suo figlio. La potenza di Dio trasforma il colore del sangue da rosso a bianco e così resta per tutto il periodo dell'allattamento e dello svezzamento. Per questo le madri usano rimproverare i figli che mancano loro di rispetto dicendo loro *Non ti vergogni? Tua madre ti ha nutrito con il sangue del suo fegato!*"[36].

"E ora" chiese Humāy "cosa posso fare perché rimanga saldo il mio potere?".

"Ordina che per domani sia convocata una assemblea popolare, così che questo ragazzo si faccia vedere ancora. Quando lo vedrai, ordinami di catturarlo, affinché gli possa chiedere in privato di chi è figlio. Così potrò capire come liberare il tuo cuore".

Così fecero: i messi andarono per la città ad

---

[36] Teoria della *emogenesi del latte*, origine sanguigna del latte, proposta in varia forma da Galeno di Pergamo (138-201 d. C.) in poi, all'incirca fino al XVIII secolo.

annunciare che l'indomani si sarebbe tenuta una assemblea popolare a cui tutti avevano l'obbligo di presentarsi, per ordine della Regina. Cittadini e stranieri, dai sette ai settant'anni: l'assenza sarebbe stata considerata delitto di lesa maestà.

Nel frattempo l'emiro Mardū se n'era andato ed era tornato al caravanserraglio, insieme a Darab. Quando si ritrovarono al sicuro, nelle loro stanze, lo rimproverò.

"Ti sei comportato con maleducazione, senza ricordare il mio avvertimento. Ti avevo pur raccomandato di stare attendo, ma tu eri così preso da Humāy!"

"Ho sbagliato", ammise Darab "se domani mi porterai con te mi comporterò diversamente".

Quando spuntò il nuovo giorno, i due si levarono e si recarono al luogo dell'assemblea, affollata come non era mai stata in passato. L'Emiro Mardū ricordò a Darab che, almeno quel giorno, avrebbe dovuto dimostrarsi giudizioso e non alzare lo sguardo sulla Regina.

Il ragazzo lo rassicurò, dopo di che entrarono insieme e si fermarono sulla porta ad ascoltare.

Humāy, dal trono, non smise di scrutare la sala fino a che vide Daròb in piedi, tra la folla, e il latte le sgorgò dal seno ancora una volta. Fece segno a Rashnavad, indicandogli il ragazzo, e questi spedì un servo di nome Godratkin a prendere il ragazzo.

Al passaggio di Godratkin tutti i presenti indietreggiavano, per timore che toccasse a loro essere presi, e anche l'emiro Mardu fuggì, quando si accorse di ciò che stava accadendo, e Darab rimase solo. Quando il servo lo raggiunse e gli ordinò di fermarsi, il ragazzo si voltò appena per rispondere.

"Serve qualcosa?"

"Pezzo d'ignorante!" gli urlò contro Godratkin. "La Regina ti vuole".

"Io sono un ragazzo straniero" ribatté Darab. "Chi mi conosce?"

Godratkin, che era una montagna d'uomo, allungò una mano e lo prese per il collo ma Darab lo colpì in mezzo alle sopracciglia, non molto forte ma quanto bastò per rompergli il collo. Poi se ne andò da palazzo e nessuno fu capace di fermarlo. Quando Darab fuggì da palazzo una folla numerosa si lanciò al suo inseguimento ma lui si tolse la camicia, se la legò in vita e con le potenti spalle e le forti braccia e i pugni micidiali che si ritrovava, in tutto degni di Hushang[37], prese a levarsi la folla dai piedi.

---

[37] Secondo re del mondo, lo dice Firdusi, della dinastia dei *Pishdādiān*: coloro che furono [dati] per primi.

Colpiva e gettava a terra e uccideva, tanto che quattro ne uccise e molti altri ne sfiancò, e tutti poi correvano da Humāy chiedendo giustizia. Lei ordinò ai suoi di radunare i migliori guerrieri.

"Prendete quel ragazzo!"

"Non possiamo nulla contro di lui!, era il lamento comune".

"Chiamate tutti i comandanti e anche i principi, se non basta!" urlò esasperata la Regina, e quando quelli furono davanti a lei, li apostrofò "che succede? Due volte ho ordinato di catturare quel ragazzo, ho scagliato contro di lui una folla intera e me la sono vista ritornare schiantata per sua mano. Accerchiatelo con tutta la cavalleria e con gli altri campioni! Minacciatelo con spade e scimitarre! Terrorizzatelo con le vostre asce da battaglia! E non tornate senza di lui". Quelli uscirono, circondarono Darab e lo attaccarono tutti insieme, nel bel mezzo del bazar, con la gente che stava a guardare dalle porte e dalle terrazze. Darab non portava armatura, quando si vide attaccato in tal modo, e si diresse quindi verso la bottega di un mercante. Questi, quando lo vide avvicinarsi, si ritirò verso l'interno della bottega, sopraffatto dalla paura.

"Nobile signore" biascicò "io non ho combattuto contro di te, non mettermi le mani addosso!"

Ma Darab chiese soltanto che gli permettesse di prendere uno dei tavoli della bottega.

"La mia bottega è tua!, esclamò il mercante e gli diede un tavolo".

La folla si arrestò, attonita: chiunque egli colpisse, roteando quella tavola, lo gettava a terra, e faceva tutto senza sforzo. Combatteva in modo tale che anche Rostam, se ne avesse avuto notizia, lo avrebbe lodato. Humāy fece chiamare Zahak che subito arrivò, le rese omaggio e chiese ordini.

"Il ragazzo ha preso il volo, so che è uscito dalla città: prendi con te mille cavalieri e inseguilo subito". Lo guardò fisso negli occhi. "Se è vero che hai cuore di pietra e sguardo di serpente, se è vero che sei Zahak, scovalo fuori e portamelo: a ogni costo devo sapere chi è e quali sono le sue origini e la sua stirpe".

Zahak si mosse, montò a cavallo con una grande moltitudine di uomini e si lanciò all'inseguimento di Darab, che aveva comunque un buon vantaggio e si diresse verso il caravanserraglio dove aveva trascorso la notte, insieme a quello che credeva fosse suo padre. Lo attendeva una brutta sorpresa.

"L'emiro è montato a cavallo, ha preso con sé i servi e gli schiavi e anche la tua cavalcatura e se n'è andato".

Darab era rimasto solo: si girò, se ne andò e uscì dalla città, parlando tra sé.

"Guarda cosa mi capita! Trova adesso una soluzione".

Aveva percorso circa mezza parasanga[38] quando capitò in un bosco di salici, lungo e ricco di alberi, in cui si trovavano quaranta taglialegna. Avevano divelto un gran numero di alberi e alcuni li avevano già fatti a pezzi per portarli via. Darab li raggiunse e chiese loro se potevano dargli uno di quesli alberi ma quelli risposero che appartenevano alla regina Humāy. Darab insistette.

"Per favore, datemi uno di questi alberi".

Quelli si diressero in gruppo contro di lui e lo attaccarono ma lui seppe fronteggiarli: ne prese uno per la cintola e se lo roteò sopra la testa, servendosene per rompere l'accerchiamento; dopo avere fatto a pezzi il primo, si scontrò con gli altri, fino a che quelli fuggirono da lui e si rifugiarono tra gli alberi. Darab afferrò allora un'accetta, di quelle abbandonate dai taglialegna,

---

38 Persiano فرسنگ *farsang*, corrisponde a circa 4-6 chilometri, ovvero la distanza che un uomo può percorrere a piedi in un'ora oppure, secondo un'altra versione, la distanza alla quale un uomo dalla vista buona può distinguere un animale e capire se è bianco o nero.

trovò un albero conveniente alla sua forza e con un sol colpo lo pulì di tutti e gli tolse la corteccia dalla base alla cima. Poi si avvicinò alle provviste dei taglialegna. Mangiò e bevve, poi si mise l'albero sulle spalle e se ne andò, uscì dal bosco.

Intanto si era fatta sera e i taglialegna, vedendo che Darab se n'era andato, si diressero verso le loro provviste e non trovarono più nulla.

"Fratelli, si è mangiato tutto!", esclamò uno.

"È proprio vero" gli fece eco un altro, "quello che dicono: ogni uomo si comporta come una belva verso i suoi simili!"

Quindi si alzarono, presero il compagno ucciso da Darab e lo portarono al loro villaggio. Intanto Darab si era messo in spalla l'albero che aveva tagliato ed era uscito dal bosco, tornando verso verso la città. Varcata la porta, si tolse l'albero dalle spalle e vi si appoggiò.

"Resterò qui e sconfiggerò e farò prigioniero chiunque mi vorrà combattere".

Così pensando, si addormentò di colpo, in quella posizione. Era l'ora terza, della notte. Nel frattempo anche Zahak si era avviato in quella direzione, sfinito dal deserto e deciso a rientrare in città. Arrivato alla porta, incontrò un assembramento di persone che si spaventarono alla vista dei purosangue arabi montati da lui e dai suoi. Chiese loro cosa fosse successo.

"C'è un albero, qui vicino, e un essere che sembra una montagna dorme appoggiato su di esso, rispose un uomo".

"Andate a vedere chi è" ordinò Zahak ai suoi, "e svegliatelo, può darsi che ci dia notizie di Darab".

L'uomo che aveva dato l'informazione accompagnò i cavalieri di Zahak, svegliò Darab e gli chiese se mentre stava a riposare avesse visto passare di lì un uomo forte e robusto di nome Darab.

"Vienimi più vicino, che te lo mostro!"

Quando quello si avvicinò, Darab allungò una mano, lo afferrò saldamente per la cintura e lo gettò addosso ai cavalieri, così violentemente che andò a colpire il petto di uno di loro ed entrambi furono squarciati.

"Forza giovani, questo qui è Darab!" esclamò Zahak. "Ora lavorate di mano e di braccia e fate in modo che il vostro nome sia ricordato nel mondo!"

All'unisono, come fossero un sol uomo, quelli estrassero gli archi dai foderi e disposero le frecce di bianco pioppo sulle impugnature d'avorio. Sguainarono le verdi spade brillanti si tirarono sul petto gli scudi di pelle del Ghilan e della Bulgaria quindi si disposero ad anello intorno a Darab, circondandolo.

Quando il ragazzo vide ciò che stava accadendo si alzò e si mise sulle spalle il suo albero gigantesco: tuonava e ruggiva come un leone.

Come fuoco impetuoso che brucia le stoppie di un canneto, o acqua che dall'alto abbatte i virgulti; come leone che sbrana grasse pecore di montagna, o come uomo affamato che lacera bocconi di carne; come un elefante ubriaco si buttò in mezzo al gruppo e chiunque colpisse con quell'albero, uomo o cavallo, lo schiantava.

"Io sono Darab!" gridava. "Venite cani, odiati dalla vostra stessa madre che maledice il giorno in cui siete venuti alla luce! Vediamo a chi sarà amica la fortuna".

Combatté contro di loro fino a che la notte passò e si avvicinò il giorno. Molti di quegli uomini furono uccisi da lui e i rimanenti si diedero alla fuga, fino a che non spuntò l'alba e si fece avanti Zahak. Il campione di Humāy urlò alla turba dei suoi che si allontanassero e si disperdessero. In un lampo Darab si scagliò su di lui. Zahak cercò una protezione ma Darab allungò una mano, lo afferrò alla cintura e gli legò quattro volte mani e piedi. Zahak cercò tuttavia di scappare ma il ragazzo lo gettò a terra: raccolse della legna, la dispose intorno a lui e accese un fuoco. Quando gli uomini di Zahak videro cosa stava accadendo tornarono piangendo da Humāy e la informarono che Darab aveva catturato Zahak e la Regina allora si rivolse a Rashnavad.

"Dimentica le offese", gli ordinò, "e sii gentile: torna da Darab, cerca di capire com'è la situazione e libera Zahak. E vedi anche di riportare qui Darab".

Rashnavad si mosse accompagnato da dieci anziani di buona famiglia, si presentò da Darab e gli rese omaggio. Darab, dal canto suo, lo interrogò a lungo e gli dimostrò benevolenza. Rashnavad, che era rimasto in piedi a circa cento passi da lui, e lo osservava attentamente, vide che aveva afferrato e teneva in mano due pietre.

"Signore" gli chiese, "che ne hai fatto di Zahak e cosa vuoi fare con quelle pietre?".

"Allora…Per quanto riguarda Zahak, l'ho imprigionato al centro di un verde prato, circondato di legna secca, e queste pietre le voglio battere l'una contro l'altra fino a far nascere una fiamma per dargli fuoco: mi libererò di lui e altri ne trarranno insegnamento".

"Dimentica e consegnamelo!" lo supplicò l'inviato di Humāy.

"Hai ragione, è giusto che io perdoni…"

Darab si mosse in fretta: liberò Zahak dal cerchio di legna, lo portò in un luogo ricco di cespugli e lo coprì con quelli, mentre Rashnavad lo stava a guardare da lontano, cercando di capire che intenzioni avesse.

Nel frattempo a Darab: vide che da lontano stava arrivando uno del villaggio con un carico di legna, un pane rotondo e una ciotola di carne di montone, e gli si fece incontro. Quando quell'uomo vide la stazza di Darab, depose a terra il suo carico, scoppiò in pianto e se la diede a gambe. A Rashnavad venne da ridere. Darab si sedette, con il pane e la carne davanti a sé, e cominciò a mangiare, invitando Rashnavad a fargli compagnia. Arrivò la voce di Zahak.

"Hey, eroe! Visto che stai mangiando del pane, fa sì che possa mangiarne anch'io, perché sono affamato".

Al che Darab rispose che stava predisponendo tutto per la sua liberazione. Rashnavad osservava tutto con grande attenzione e vide Darab spargere della polvere sulla carne rimasta e poi spalmare il tutto sulla testa di Zahak: l'odore della carne attirò centomila mosche e moscerini, che calarono su Zahak e cominciarono a pungerlo. Il campione si mise a gridare come un disperato, chiedendo aiuto.

"Prendi questo ricordino a portalo a Humāy" sghignazzò Darab. "Impari a non infastidire gli uomini liberi e a non affliggere i giovani valorosi!".

Intanto si era fatta sera.

"È ora che me ne vada", annunciò Rashnavad. Porta i miei saluti alla Regina e dille che bacio la terra davanti a lei: domani, quando tornerà il giorno, le manderò Zahak ma questa sera lo voglio tenere con me, perché il mio cuore è triste".

Rashnavad tornò da Humāy, le rese omaggio e le raccontò tutto ciò che aveva visto. Quando si fece giorno, Darab liberò Zahak dai cespugli e gli ordinò di tornare a palazzo. Porta a Humāy il mio saluto e dille che bacio la terra davanti a lei. Riferiscile questo messaggio: dopodomani esci dalla reggia con il tuo seguito e presentati nella pianura fuori dalla città, affinché io baci la terra davanti a te e mi metta al tuo servizio. – e a Zahak raccomandò – Non dimenticare ciò che devi mostrare, perché io non dimentico quello che hai fatto. Poi fece cenno a Zahak di avvicinarsi.

"Vieni più vicino, ti darò un ricordo che porterai finché vivrai". Prese la mano sinistra di Zahak e gliela mise sulla testa, poi con la destra prese l'orecchio di Zahak, lo staccò dalla base e attaccò al suo posto la mano dell'uomo, quindi fece un buco nell'orecchio e lo attaccò alla barba.

"Ora puoi andare: fino a che avrai vita, questo non te lo dimenticherai".

Detto questo, Darab si rimise l'albero in spalla e scomparve, mentre Zahak si alzò e così come era conciato arrivò all'ingresso di Baghdad, con l'orecchio attaccato alla barba. In questo stato entrò in città. Gli abitanti della città lo videro e si immobilizzarono per la sorpresa.

"È un ubriaco" disse uno. "È un pazzo" disse un altro e un altro ancora. "È un dev che dal suo deserto è stato scaraventato in città".

Un altro sosteneva che fosse stata stretta una alleanza tra ubriachi, e nessuno comunque riconobbe Zahak ma tutti gli si affollarono intorno fino a che non arrivò alle porte del palazzo, dove entrò di furia, come un pazzo. I portieri e le guardie che lo videro ne furono terrorizzati e lo assalirono gridando a gran voce. La regina li sentì, chiese cosa fosse quel frastuono e quando le risposero che si trattava di Zahak, ordinò che fosse condotto alla sua presenza. Arrivò davanti a lei come impazzito e rientrò in sé solo quando gli gettarono addosso dell'acqua e Humāy lo apostrofò duramente.

"Allora, soldato ornato di sconfitte, cosa sta succedendo?"

Zahak le raccontò tutto quello che c'era da raccontare e concluse riferendole il messaggio di Darab. Lei si ritenne soddisfatta e ordinò che il generale fosse sistemato su una portantina e portato al suo alloggio, e che fossero avvertiti i suoi due figli: entrambi animosi e senza uguali in battaglia, quando videro il padre in quelle condizioni si disperarono e si stracciarono le vesti.

"Padre, hai cinquantamila uomini ai tuoi ordini, come è potuto accadere ciò?"

Zahak raccontò loro di Darab e in quei cuori entrò il rancore. Quando furono trascorsi due giorni da questo racconto, Humāy chiamò Rashnavad.

"Vieni, usciamo e andiamo verso la pianura, oggi Darab si deve presentare davanti a noi".

Si alzarono e uscirono. Humāy ordinò di togliere l'apparato da combattimento a un elefante reale e di porgli sulla groppa una sella con baldacchino; salì in groppa all'animale, si sedette sulla portantina e uscì dalla città con mille cavalieri al seguito. Avanzarono per una parasanga nella pianura, quindi Humāy fece fermare l'elefante, Rashnavad si fermò alla sua destra e gli uomini si disposero sui due lati. Quindi ripresero ad avanzare e si erano appena mossi quando videro Darab: era il momento in cui il sole è diritto sull'asse del cielo.

Fu come se un turbine si dirigesse verso l'elefante e quando fu più vicino dal profondo del turbine apparve Darab, come un elefante infuriato o come un leone in calore, portando un albero in spalla.

"Signora, ecco che Darab è venuto!"

"Questo non è un uomo!". Humāy era esterefatta. "È come se Rostam, figlio di Zal, fosse tornato a vivere!"

Rashnavad si diresse verso Darab, accompagnato da cinquecento cavalieri.

"Se siete venuti a prendermi avrò la meglio su di voi" esclamò Darab, "e in un modo che se ne parlerà fino a che durerà il mondo. Ma se venite in pace, fatevi pure avanti".

Così disse e spronò il cavallo a muoversi, levò in alto l'albero che portava sulla spalla e si diresse verso di loro. Tutti gli armigeri scapparono, tornarono verso Humāy e si disposero in fila, fermi ad aspettare, immobili e sbiancati in volto. Alla domanda della Regina, che chiedeva loro cosa fosse accaduto, risposero di essere stati attaccati da Darab e di essere fuggiti.

"Stupidi! Che l'acqua vi trascini via!" si mise a urlare Humāy, "Aspettate che Darab si presenti davanti a me".

Trascorsa un'ora, Darab si mise l'albero in spalla, indossò una cotta e infilò un elmo. Si mosse, e pareva un enorme elefante infuriato. Quando fu in vista della Regina, e il suo cavallo vide l'elefante su cui lei era assisa, alzò le zampe davanti e cominciò a menare calci all'aria. Darab si fermò e afferrò più saldamente le redini, poi si presentò davanti a Humāy per renderle omaggio. L'elefante diresse la proboscide verso il cavallo del ragazzo e soffiò. Il cavallo si spaventò nuovamente e voleva disarcionare Darab, che invece si diresse verso l'elefante per colpirlo. Rashnavad allora si fece avanti urlando.

"Bada! Su quell'elefante c'è Humāy!"

Humāy dal canto suo, quando vide l'intrepido valore di Darab scese dall'elefante, montò a cavallo e andò a parlargli.

"Ragazzo" gli ordinò, "getta quel legno perché questo elefante e questi uomini hanno paura di te".

"Voglio garantirmi che tu non attenti alla mia vita", rispose lui.

"Non farò nulla contro di te".

"Giuralo, se vuoi che io getti questo legno!"

Humāy rise, liberò il viso dal velo e si diresse verso di lui.

"Tu, leoncello! Io sono la regina della terra d'Iran e discendo da stirpe regale: nel nome di Dio onnipotente e giusto, non permetterò a nessuno di farti del male".

Quando Darab vide quel volto, si accese in lui il fuoco della passione. Levò alto un grido e gettò lontano da sé il tronco che aveva portato fino a quel momento.

"Che uomo stupefacente", mormorarono i soldati.

"Tu, ragazzo!" lo esortò Humāy, "getta via tutte le tue armi e convinciti che da noi non ti verrà guerra".

Darab si tolse l'elmo e lo posò sul pomello della sella. Apparve allora un volto bello come centomia ritratti: centomila gocce di latte erano posate su quelle guance e un ricciolo scuro, come un anellino; due occhi come narcisi, due sopracciglia come gli archi di un eroe. Il volto era rotondo, il collo robusto: era diritto come un cipresso e lo splendore divino che si spandeva dal suo viso superava in intensità la luce del sole. Quando la Signora dell'Iran vide il bel volto di Darab, ancora una volta sentì che il latte le si scioglieva in seno, alla vista di tanta meraviglia, e i suoi occhi non si staccavano da lui. Poi si voltò e disse: "Muoviti, ragazzo, andiamo!"

Si mosse e con lei Darab, alla sua destra, e lo sguardo di lei non si staccava dalla bellezza di lui. Entrambi non potevano staccare gli occhi l'uno dall'altra. Tutti gli astanti erano esterrefatti e i soldati, meravigliati, non smettevano di sussurrare tra di loro. Humāy si è innamorata di Darab!, questo è quello che perlopiù si dicevano.

Così andarono fino a palazzo, dove scesero da cavallo e lei prese la mano di Darab e lo fece sedere sul trono accanto a sé. Quindi ordinò che portassero una tavola e divisero il pane. Quando fu tolta la tavola, Humāy ordinò che allestissero per l'assemblea e portassero da bere. Fece chiamare Jamharun, il mobad[39], per dargli istruzioni.

"Sant'uomo, tra i soldati si è diffusa la chiacchiera che io mi sarei invaghita di questo ragazzo: dicono che per tutta la strada non sono stata capace di staccare gli occhi dal suo volto e mormorano perché l'ho posto sul trono accanto a me. E tutto ciò dopo nemmeno un giorno da quando lui si è comportato in modo tanto incivile con me. – prese fiato – Ora, quello che voglio da te è che tu ti informi bene su chi sia questo

---

[39] Gran Sacerdote zoroastriano

ragazzo: ti do un giorno di tempo!"

Rashnavad sussurrò all'orecchio di Jamharun.

"Non posso dire io a Humāy che costui potrebbe essere un gran re".

"Non ti preoccupare, glielo dirò io, lo rassicurò il mobad e accostò la bocca all'orecchio di Humāy. Il suo cuore, però, era tutto preso dall'amore per il ragazzo, per cui non diede ordini ma si limitò a rispondere che sapeva lei cosa fosse meglio fare".

Quando Darab vide che Jamharun parlava in un orecchio a Humāy, lo apostrofò tutto infuriato.

"Vecchio stolto! Non sai come si devono onorare gli ospiti? Primo, parlando apertamente in loro presenza, così che anche l'ospite capisca quello che dici. Poi bisogna mangiare dallo stesso piatto per dargli sicurezza del cibo. E ancora: all'ospite si devono porgere vivande fresche, non si deve alzare la voce e non lo si deve forzare a mangiare". E proseguì: "Ricordati poi di non versare la bottiglia dell'acqua sul suo cuscino e non fare della tua casa una prigione per lui: se vuole andarsene, non glielo impedire. Ora, tu invece tu ti sei presentato qui e le hai parlato all'orecchio fino a che lei stessa non ti ha consigliato di tacere: forse in questo momento voi state tramando la mia rovina e sarà quindi meglio che io non mangi il vostro pane, perché non siete degni di fiducia".

Così disse e si alzò e si diresse verso l'uscita. Humāy ordinò di sbarrargli la strada prima che se ne andasse ma Darab continuò a ripetere che avevano attentato alla sua vita. Gli uomini della Regina si fecero avanti per prenderlo e Darab ne colpì uno con un pugno, cosicché tutti capirono che razza di pugni era in grado di tirare, e nessuno gli si avvicinò.

Humāy gridò: "Prendetelo!" e ordinò a Rashnavad di fermarlo prima che montasse a cavallo ma fu impossibile. Rashnavad gli corse dietro gridando: "Torna! Humāy non vuole che farti del bene!"

Darab non gli prestò ascolto e se ne andò, voltandosi appena per per esclamare: "Vediamo se c'è qualcuno che riesce a prendermi".

Rashnavad tornò da Humāy, riferì e lei se ne rattristò e si lamentò.

"Perché non sei stato zitto, Jamharun! Voi che c'entrate con il mio regno? Tanto avete fatto che questo ragazzo si è alzato e se n'è andato. Chi di voi ora seguirà Darab e me lo riporterà?"

"L'esercito ha un brutto sospetto su questo ragazzo" la ammonì il Gran Sacerdote, "perché nessuno l'ha mai visto prima: mormorano contro di te perché l'hai portato qui e l'hai posto sul trono accanto a te".

"Chi mai ha il diritto di criticare il mio governo? Io sono il sovrano e faccio ciò che voglio, che discorsi volete mai farmi arrivare? Dite un poco: se Darab apre le ostilità, chi di voi sarà in grado di affrontarlo?"

Si alzò un coro unanime: "Noi tutti lo affronteremo!"

"Allora approntate tutto il necessario per la guerra!"

Si fecero avanti i grandi del regno.

"Regina, se è l'uomo che abbiamo visto, nessuno gli può stare alla pari".

Humāy era inquieta, si rivolse a Jamharun e Rashnavad.

"Come si può affrontare tale questione? Quale può essere la soluzione a un simile problema?"

Rashnavad osservò che chiunque vedeva quel ragazzo aveva l'impressione di trovarsi di fronte a Bahman Ardashir, cui assomigliava in modo stupefacente. Ascoltando queste parole Humāy sentì l'amore rinnovarsi nel suo cuore ma le sue parole parlavano d'altro.

"Andate e richiamate l'esercito da tutti i governatorati, non bisogna che questo ragazzo venga e si prenda il regno!". Rashnavad e Dastur si alzarono e uscirono, mentre Humāy dava disposizioni a Jamharun.

"Mobad, tu devi chiedere subito all'alta stella chi è Darab, perché io so che se lo rivedrò ancora una volta, nuovamente mi si scioglierà il latte in seno".

Jamharun si alzò, andò a prendere l'astrolabio e lo puntò verso il cielo: individuata che ebbe l'alta stella, guardò i minuti[40] e chiarì il conto delle dodici torri[41]; guardò i sette cieli e si fece un'opinione degli aspetti positivi e negativi. Infine parlò.

"Signora dell'Ira, ho visto l'oroscopo di questo ragazzo".

"Presto, dimmi: qual è il suo destino nel mondo, qual è il suo segreto più profondo? Cosa mi unisce a lui e perché sono così cambiata, io che non sono mai stata così?"

"Questo ragazzo è figlio di re e ha un futuro da re, perché ha un buon oroscopo e la forza per governare. Ma ha subito una ingiustizia".

Quando Humāy udì queste parole, si voltò a guardare l'acqua.

"E se questo fosse il figlio che avevo ordinato

---

[40] Sesta parte del grado astronomico.

[41] I dodici segni dello zodiaco.

di abbandonare alle acque?, disse fra sé".

Questo pensava e pianse in silenzio, senza rispondere a Jamharun che le chiedeva il motivo di quel pianto. Jamharun se ne andò e passò un giorno.

Il giorno seguente tutti i grandi arrivarono a palazzo. La regina si assise in trono e anche loro si fecero avanti e si sedettero. Humāy chiese a Jamharun cosa avessero escogitato e le fu risposto che era stato preparato un firman per tutti i governatorati, perché inviassero truppe a palazzo prima dell'arrivo di Darab. Humāy concordò con questa decisione e nel giro di un'ora tutte le lettere furono inviate mentre la Regina, giorno e notte, pensava al momento in cui avrebbe dovuto sguainare la spada contro colui che forse era suo figlio. Stava male, così male che aveva la bocca infiammata e non poteva né mangiare né vomitare. Tre giorni passarono così, Humāy non parlava e non rideva con nessuno. Era triste a causa del figlio, perché ormai le era chiaro che Darab era suo figlio. I soldati, invece, sospettavano un amore. Il quinto giorno Jamharun, Rashnavad e tutti i grandi si riunirono.

Il fabbricatore di racconti, colui che svela i misteri, Abu Tahereh al-Tarsusi, così tramanda.

Arrivò il quinto giorno e si presentarono a

corte tutti i Grandi del regno e con loro Jamharun a Rashnavad e resero omaggio a Humāy.

"Il tuo regno durerà quanto il mondo e migliaia di anime ti sono fedeli, perché dunque sei così afflitta?" parlava ora l'uno ora l'altro. "Se è a causa di questo ragazzo ci impegniamo a schierare l'esercito contro di lui, se arriva: lo combatteremo e lo distruggeremo. Se invece sei triste perché questo ragazzo se n'è andato, te lo riporteremo. Tutto faremo, affinché tu sia felice. Ma ora devi rafforzare il tuo cuore: i soldati ti guardano, solo la tua forza ci sostiene".

"Non è come voi dite" sorrise Humāy. "Tuttavia da due giorni ormai il mio cuore è triste".

Unanime fu il responso.

"Devi uscire per aprirti il cuore! Devi guardare il falcone che vola sopra la quaglia e la pantera che caccia la gazzella e il cane che stana il serpente. Fa che i servi suonino l'ordine".

Humāy ordinò allora che il giorno seguente si presentassero tutti i Grandi e i nobili del regno. Si alzò il suono della campana dell'elefante cui si unì quello delle trombe e delle bianche conchiglie e il mugghiare dei tori che davano il segnale: quel giorno la Regina si sarebbe recata alla piazza del polo[42]. Come un solo uomo, tutti i soldati si misero in ordine di marcia e uscirono nella piazza: uomini su uomini e bandiere su bandiere e cavalli su cavalli, tutti roteando i ciogan[43] e con gli archi ben lucidati, spalmati con olio di sandracca e splendenti come specchio.

Quando arrivarono nella piazza si schierarono e levarono alti i ciogan. A lungo risuonò il grido Salve!, poi si levò un diffuso rumoreggiare e i ciogan cominciarono a cozzare tra di loro. Humāy arrivò, montando un cavallo da combattimento e indossando un abito alla moda di Antiochia, con la corona in capo e un velo che scendeva a destra e andava a coprire la sella: quando fu nella piazza risuonarono il cembalo e la campana dell'elefante, le trombe d'ottone e le bianche conchiglie. Tutti i paggi insieme cominciarono a muovere i loro ciogan e si levò alto il clamore. Gli zoccoli dei cavalli cominciarono ad andare con il vento e furono dati i primi colpi alla palla. Humāy osservava la piazza che si scaldava.

Il fabbricatore di racconti, colui che svela i

---

[42] Il gioco del polo ha origini antiche e persiane, con origini che potrebbero risalire al V-IV secolo a.C.

[43] Mazza per il gioco del polo.

segreti di questa cronaca di meraviglie, rara immagine di tradizioni, Abu Tahereh al-Tarsusi, così tramanda.

Trascorsa un'ora da quando si era allontanato da Humāy, Darab si ritrovò in un prato. Avrebbe voluto recarsi dall'emiro Mardu ma i suoi piedi non si muovevano, come se fossero staccati da lui. In Humāy si era ritrovato e ogni suo desiderio era rivolto a lei. Si voltò ed entrò nel prato: avrebbe voluto proseguire ma rimase fermo altri due giorni, solo al quinto si decise – Tornerò al palazzo di Humāy per vedere quello che stanno facendo. Uscì dal prato e si diresse verso il palazzo. Arrivato in città, giunsero alle sue orecchie i suoni della campana, del tamburo e della tromba.

"Forse lei sta organizzando l'esercito perché mi insegua" disse tra sé. "Devo essere più forte di loro e non lasciare che prevalgano".

Attese un'ora, poi cominciò a vedere una gran quantità di gente che arrivava dalla città: chiese ai passanti il perché di quel suono di cembalo e gli risposero che la Regina si stava dirigendo verso la piazza del polo. Nel frattempo tutti i Grandi del regno si erano presentati, pronti per tirare la palla, e gli assistenti avevano predisposto il necessario per il gioco.

Da un lato si schierò Humāy con i suoi cavalieri, dall'altro Rashnavad con i suoi uomini: gettarono la palla nella piazza e afferrarono con forza i loro ciogan. Gli uomini di Rashnavad erano abili nel combattimento a centro campo e conquistarono subito quattro palle. Humāy se ne afflisse e rimproverò i suoi.

"Mi sembrate femminucce!"

Per quanto i suoi paggi si sforzassero, non riuscivano a conquistare la palla: Darab, che osservava da lontano, si rattristò a quella vista e ordinò a un paggio che gli era vicino, di prestargli per un'ora il ciogan.

"Voglio andare a offrire il mio sostegno alla signora dell'Iran".

Il paggio guardò e vide un ragazzo bello come cento idoli, da cui si irradiava la luce regale della sovranità e, insieme, l'ansia di combattere: non gli fu difficile capire chi fosse.

"Non dire nulla" gli raccomandò Darab, "fino a che non sarò riuscito ad aiutare la Regina, perché i giocatori del Pars non vogliono cedere la palla ai suoi".

Per fortuna il paggio era uno degli uomini di Humāy e fu felice di aiutare.

"Perché te ne sei andato?" gli chiese. "La regina voleva onorarti, renderti grande e offrirti una alta posizione a corte".

"Adesso sono venuto, e mostrerò ai combattenti persiani un valore che vi meraviglierà".

"Dammi la mano", gli disse il paggio, "voglio fare un patto con te: prima tu scendi in campo e dimostri il tuo valore e poi io svelerò chi sei".

Darab suggellò il patto stringendo la mano al paggio e gli chiese di dargli anche la sua giubba e il suo copricapo; i due si scambiarono gli abiti e Darab entrò nella piazza. In quel momento arrivò Rashnavad e conquistò la palla: Humāy, con i suoi, lo inseguì. Darab alzò il ciogan davanti a Rashnavad, gli portò via la palla e la condusse in direzione della porta. Tornò da sinistra, lanciò il ciogan lontano da sé e si inchinò alla sovrana. Lo sguardo di Humāy cadde su di lui e di nuovo le si sciolse il latte in seno.

"Ecco, sei tornato da me", mormorò.

Frattanto Darab era ritornato in mezzo alla piazza e aveva recuperato la palla: mentre il cavallo attraversava la piazza tirò fuori un altro ciogan, si assicurò la palla e colpì. Rashnavad si infuriò e cominciò a insultarlo ma lui, calmo, levò il ciogan ed esclamò: "Stupido, perché mi insulti?"

Humāy riconobbe per certo che quello era Darab. Rashnavad alzò il ciogan contro Darab ma lui glielo prese e poi si girò, ne afferrò un altro dalla sacca, lo tirò in testa all'uomo e lo gettò a terra. Tutti gli uomini di Rashnavad si diressero verso Darab.

"Bastardo!" Gridarono. "Perché hai insultato e colpito il campione dell'esercito persiano? Prendiamo costui che è venuto a combattere senza educazione".

Come un sol uomo la folla si lanciò sul ragazzo per colpirlo ma egli, estratto un altro ciogan, si fece avanti urlando: "Io sono Darab!".

Rashnavad gettò uno sguardo, riconobbe Darab e subito gli chiese perdono, con manifestazioni di rispetto e gridando ai suoi uomini: "Allontanatevi, costui è Darab!"

Humāy lentamente avanzò e si fece incontro a Darab: ridendo di gioia, lo trascinò con sé e ordinò che gli portassero un cavallo con una nuova bardatura. Tutt'intorno si percossero i cembali e si diede fiato ai corni e risuonò la campana dell'elefante, mentre Humāy e Darab venivano condotti fuori dalla piazza, verso il palazzo. Rashnavad precedeva insieme a Jamharun e la regina seguiva, insieme a Darab: madre e figlio insieme e il volto di lei era tutto uno splendore di gioia. Portarono dunque Darab a palazzo, lo fecero sedere su un trono e Humāy parlò ai Grandi del regno.

"Questo, o uomini liberi, è quel Darab a causa del quale ero triste e ora tutti voi doverte prestargli ubbidienza".

"Sia come ordina la sovrana dell'Iran", risposero quelli.

Darab fu nominato capo dei cortigiani, quindi lo condussero in giro per la città e gli fecero passare in rassegna le cavalcature più eccellenti, schierate dinanzi a lui, poi lo riportarono a palazzo. Humāy ordinò che cinquanta schiave turche, con volto di fata e tuniche di broccato e alti cappelli intessuti d'oro, si facessero trovare pronte in piedi. Quando arrivò Darab tutti gli si fecero incontro per felicitarsi con lui, contenti di non dovere sperimentare la sua forza, e quando fu insediato a palazzo, gli si affollarono intorno porgendogli doni. Rashnavad superò tutti offrendo a Darab due cavalli, dieci schiave turche, cinque casse di vesti tessute ad Antiochia e duecento confezionate a Baghdad, dieci cotte di maglia a riccioli e dieci cotte di maglia davidica[44]. Inoltre offrì dieci elmi di eccellente fattura e dieci spade fatte a mano più dieci frecce di acciaio indiano. Infine, di tutti i tipi di spade che gli uomini usano, a dieci a dieci ne dispose ai piedi di

---

[44] Tipo di lavorazione della maglia d'acciaio.

Darab, chiedendo ripetutamente perdono.

"Principe, non rimproverarmi perché ti ho disprezzato: non ti ho riconosciuto subito perché ti ho visto con abiti da servo. Dimentica il mio sbaglio!"

"Chiunque fa ciò che non si deve fare, vede ciò che non si deve vedere. Ora ti ho perdonato".

Questo rispose Darab, mentre gli si accumulavano davanti ricchezze senza numero: anche Jamharun ne portò, ed è impossibile descrivere quello che donò Humāy. Darab divenne principe comandante della corte, dove si fece vedere spesso, e la Regina gli assegnò un appannaggio. Ogni giorno era in piedi a un angolo del trono, indossando una tunica d'oro allacciata in vita da una cintura pure d'oro. Humāy lo guardava e la sua anima rinasceva.

Dopo un certo tempo, dato che ormai lo vedeva a sufficienza, le si fermò il latte e visse della visione di lui. Poiché non era riuscita ad avere notizie su Darab dall'emiro Mardu, trascorsi venti giorni convocò Jamharun, Rashnavad e alcuni dei Grandi e ordinò loro di radunare tutti i soldati, dalle varie parti del regno, e di sollecitare l'emiro Mardu affinché si presentasse a corte.

Il fabbricatore di racconti e rivelatore di segreti, Abu Tahereh al-Tarsusi, da questa storia meravigliosa e rara racconta che quando Mardu seppe che a suo figlio Darab era stato dato il principato dell'assemblea, dono una veste d'onore al messaggero che gli aveva comunicato la notizia, lo condusse in giro per la città e ordinò una distribuzione di danaro.

Fatto questo, si preparò e si recò in tutta velocità da Humāy.

Alla Regina giunse notizia dell'imminente arrivo di Mardu e ordinò ai notabili di andargli incontro e di condurlo in città con tutti gli onori: quando la informarono che erano andati tutti tranne Darab, Humāy ricordò le parole dell'astrologo.

"È chiaro", rifletté, "che Mardu non rappresenta nulla per lui: se questo ragazzo appartenesse alla sua famiglia, è chiaro che proverebbe un sentimento filiale verso l'emiro. Ma dove l'avrà mai trovato?".

Quando Mardu arrivò alla presenza di Darab, e s'inchinò davanti a lui, Humāy osservò attentamente il ragazzo per scoprire segni di affetto verso l'emiro ma le fu subito chiaro che costui non rappresentava nulla per Darab. Ordinò dunque di sciogliere l'assemblea e convocò Maru, privatamente, loro due soli.

"Principe" lo apostrofò, "ti ho fatto tornare

perché voglio che tu mi parli apertamente e senza inganni".

"Ti prego, credimi" rispose lui, "quando ti dico che da me non verrà mai menzogna perché tu sei la sovrana".

"Allora informami con sincerità su Darab: voglio sapere come è arrivato da te, perché è chiaro che non si tratta di un figlio tuo. Non ti assomiglia in nessun modo, nel volto e nel temperamento, e nemmeno come statura e costituzione".

"Regina, è mio figlio", tentò di dire ancora Mardu.

"Ma certamente che non lo è, altrimenti ti assomiglierebbe!"

Mardu a questo punto cedette.

"Signora dell'Iran e Regina del mondo, mi assicuri con tutta l'anima la tua protezione se ti racconto la sua storia?"

"M'impegno con tutto il cuore a proteggerti", lo rassicurò Humāy.

L'emiro cominciò allora a raccontare la storia del lavandaio e del servo del lavandaio; parlò di come Darab era stato catturato dai suoi soldati e di come lui e sua moglie avessero deciso di riconoscerlo come figlio. Tutto raccontò, dall'inizio, e Humāy nel sentire le sue parole capì.

Quando rimase sola, cominciò a riflettere.

"Più chiaro di così non potrebbe essere! E ora, che faccio? Se annuncio all'esercito che questo è mio figlio, perderò la loro fedeltà; se invece non lo dico la perderò ugualmente, perché loro mormoreranno che questo ragazzo è il mio amante".

Infine smise di pensare e capì cosa doveva fare.

"È meglio rinviare ogni decisione, perché forse il Creatore risolverà la questione con la sua potenza e a tutti sarà chiaro che Darab è mio figlio".

Aveva preso questa decisione quando una sera, mentre stava bevendo con i nobili, il suo sguardo si posò su Darab ed egli, che se ne accorse, si alzò e le si avvicinò. Si sedette al suo fianco e cominciò ad abbracciarla e baciarla. Tutti si alzarono di colpo.

"Quale potere ha dunque questo Darab" rumoreggiavano, "per potersi permettere davanti a noi una tale familiarità con la nostra Regina?"

Darab capì di avere commesso uno sbaglio e ritornò al suo posto ma i nobili erano stati testimoni di un affronto e ne provavano vergogna: se i principi e i capi dell'esercito avevano avuto dubbi, ora si erano trasformati in certezze e anche Humāy ne provò vergogna.

Zahak, Rashnavad, Dastur, l'emiro Mardu e tutti i grandi dignitari e i sacerdoti si erano riuniti e ognuno stava dicendo la sua.

"Intanto stiamo zitti" fu il suggerimento di Rashnavad, "e aspettiamo che il ragazzo venga e si unisca a noi. Voi sapete che il mio servizio a corte è di antica data, costui invece in un anno vuole appropriarsi di tutto!".

In quel momento Darab si avvicinò a loro e si scusò per l'errore commesso. Infuriati con lui, anche se il giovane era diventato più gentile perché aveva sperimentato la vergogna e ne aveva tratto beneficio acquistando in regalità, gli si rivolsero in malo modo.

"Con quale potere ti prendi delle confidenze con la Signora dell'Iran!"

Quindi si mossero e si diressero verso di lui per catturarlo. Darab si appoggiò contro il muro e cominciò a roteare un pugno e quando ne colpiva uno non c'era bisogno d'altro: nessuno fu in grado di avvicinarlo. Mentre quelli si accanivano contro di lui, Humāy sedeva in disparte e non diceva nulla. Zahak sguainò la spada con la chiara intenzione di uccidere Darab, poiché covava rancore nei suoi confronti: nel momento in cui si fece avanti e alzò la mano e la spada per colpire Darab, l'emiro Mardu si lanciò contro di lui per fermarlo. La spada colpì l'emiro e lo tagliò in due.

Zahak si volse verso Darab: in quel momento non aveva armi ma vide a terra, vicino a sé, una faretra d'oro abbandonata. La prese e con quella attaccò Zahak, costui gliela sottrasse e la gettò lontano. La faretra cadde in testa a Jamharun, il Gran Sacerdote, che era vecchio e morì sul colpo.

Zahak si avvicinò a Darab roteandogli sopra la spada; Darab sgusciò via da sotto, colpì Zahak con un pugno in testa e lo gettò a terra: voleva prendergli la spada ma Rashnavad lanciò un grido e un arabo della tribù di Zahak si fece avanti. Darab lo afferrò per i calcagni e lo lanciò lontano.

Quando Rashnavad vide una spada in mano a Darab, fuggì e il ragazzo torno verso Zahak, che perse i sensi e cadde. A questo punto Darab andò a sedersi e posò la spada dinanzi a sé.

"Signora dell'Iran" disse, "costoro hanno attentato alla mia vita".

"Sì", rispose Humāy, "hanno agito male".

"Tutto questo è passato" mormorò Darab "ma l'emiro Mardu è morto, Jamharun è morto e Zahak è caduto".

Humāy si alzò per andarsene ma Darab afferrò un lembo del suo vestito.

"Non puoi andartene, ora: siedi qui finché un poco di vino e dopo vattene, perché tutto questo è avvenuto per causa tua".

Humāy tornò a sedersi senza dire nulla, mentre tutti gli altri li stavano a guardare da lontano. Scorgendo Rashnavad, gli ordinò di avvicinarsi e di portare con sé un coppiere. Questi arrivò e presentò il vino alla Regina, che bevve e poi ordinò di portare da bere anche a Zahak.

Zahak nel frattempo era rinvenuto e piangeva; il coppiere gli portò il vino, lo convinse a bere e lui cominciò a riprendersi. Darab impugnò la spada e disse al coppiere - Allontanati, che questo lo sveglio io! Levò alta la spada mentre Zahak fuggiva e gliela lanciò contro: la spada arrivò giusto nel mezzo e lo tagliò a metà. Darab era infuriato con Humāy.

"Perché non hai ordinato tu, che uccidessero Zahak per vendicare mio padre Mardu? Zahak credeva forse di poterlo uccidere impunemente?"

Quando vide che Darab era senza spada, Rashnavad gli si avvicinò con i suoi uomini.

"Hai intenzione di assalirmi? Chiese Darab e Rashnavad non rispose".

Humāy, nel frattempo, aveva ordinato al coppiere di portare una sostanza inebriante: la versò nel vino e ne diede a Darab, che svenne. Rahnavad chiamò a raccolta i nobili: accorsero, si schierarono davanti al trono e le loro voci si levarono all'unisono.

"Chi ha mai fatto, o Regina, ciò che tu hai osato fare? Hai innalzato il ragazzo Darab a un grado tale che tutti i soldati sostengono ora che tu sei innamorata di lui".

Humāy ordinò che svegliassero Jamharun ma essi videro che era morto e la accusarono.

"Serva di Dio, sei tu la responsabile della morte di Jamharun. Il tuo protetto Darab gli ha tirato una faretra e l'ha ucciso".

"Sciocchi!" rispose lei. "Come può essere morto questo mobad le cui capacità non avevano uguali?"

"Se anche tu sceglierai di tacere sulla stupidità con cui Darab ha agito", Rashnavad fronteggiava la Regina. "Noi non taceremo e domani tutto l'esercito si lamenterà per la tua ingiustizia. Non sorprenderti per il clamore che ne nascerà, perché tu stessa hai permesso che questo ragazzo diventasse un prepotente".

Humāy ordinò che portassero via i corpi di Mardu e Jamharun, quindi tutti si alzarono e lasciarono l'assemblea. Gli uomini di Rashnavad misero alle caviglie di Darab una catena di circa dieci man[45], lo imprigionarono e gli assegnarono due guardiani che gli erano molto ostili.

---

[45] Unità di misura del peso, può variare da 40 a 80 libbre.

Humāy non si oppose ma quella notte, quando si addormentò, vide in sogno Darab che le si avvicinava cavalcando un elefante nero, dalla cui proboscide usciva fuoco: la folla fuggiva davanti a lui e l'elefante arrivò davanti al trono, afferrò Humāy con la proboscide e se la mise sotto le zampe. Lei gridava: "Aiutami, Darab, aiutami!".

"Liberami di lei" ordinò invece Darab all'elefante, "È stata troppo ingiusta con me".

Humāy si svegliò gridando, terrorizzata: le schiave accorsero gridando al suo letto ma lei singhiozzava così forte per la paura, che non riusciva nemmeno a parlare. Le schiave immobili e attonite si chiedevano cosa fosse successo e fino a giorno non riuscirono a dormire.

Colui che raccoglie le storie e rivela i segreti, Abu Tahereh al-Tarsusi, così prosegue questo racconto di meraviglie e di stranezze, di rarità e di tradizioni.

Finalmente apparve l'alba: svegliarono Humāy, le fecero indossare abiti da cerimonia e la condussero a sedersi in trono, annunciando che quel giorno avrebbe dato udienza. I primi ad arrivare furono i familiari di Jamharun, tutti a testa scoperta: donne, bambini e schiavi piangevano forte e le loro tuniche erano imbrattate di sangue. Avevano adagiato il corpo di

Jamharun su una lettiga e volevano portarlo via per dare inizio al compianto.

La Regina tacque a lungo, dopo averli visti, trascorse quasi un'ora riflettendo a testa china poi si avvicinò a loro.

"Ho fatto imprigionare Darab: voi andate a deporre Jamharun nella dokhme[46], io intanto ordinerò che Darab venga punito".

"Noi non ci muoveremo di qui fino a che non avrai punito Darab!"

Humāy non aveva più scampo. Darab era suo figlio: il cuore non le permetteva di farlo soffrire ma non poteva confessare a nessuno il suo segreto perché non le avrebbero creduto. E intanto, nonostante le sue insistenze, i parenti di Jamharun non portavano via il cadavere.

Allora chiese: "Su chi dovremo vendicare la morte dell'emiro Mardu?"

"Su Zahak", risposero.

"Allora andate e portatemi Zahak, così che possiamo uccidere sia Darab che Zahak: poiché è stato Zahak a uccidere il padre di Darab".

"Arrivi tardi, Regina: Zahak è fuggito e non sappiamo dove trovarlo".

---

[46] "Torre del silenzio" entro la quale, in epoca zoroastriana, si deponevano i corpi di chi moriva: ancora oggi ve ne sono di di visibili nei dintorni di Yazd,

"Non è affar mio, voi l'avete lasciato fuggire". Poi, rivolta ai parenti di Jamharun: "Darab ha ucciso vostro padre e il padre di Darab è stato ucciso da Zahak, quindi fino a che non si presenta Zahak non possiamo sistemare la questione".

"Tutti furono soddisfatti da queste parole: andarono a deporre il corpo di Jamharun nella dokhme e poi iniziò la ricerca di Zahak ma nessuno riuscì a trovarlo".

Il giorno dopo i parenti di Jamharun e gli altri della corte si presentarono davanti a Humāy con atteggiamento ostile.

"Noi non abbiamo Zahak ma tu devi consegnarci ugualmente Darab".

Humāy urlò contro di loro: "Non voglio vedervi mai più entrare da quella porta!"

"Regina" le chiese uno dei mobad, "chi sono mai Darab e Mardu, che per loro hai dimenticato Jamharun? Devi essere innamorata di Darab, se lo hai innalzato e posto al di sopra di noi".

"Ora è il momento di decidere", intervenne un altro, "o Darab o noi".

Tutti insieme i sacerdoti uscirono da palazzo e prepararono le armi: Humāy diede ordine di chiudere le porte. Allora si riunirono anche i soldati e decisero: non avrebbero più accettato Humāy come sovrana, volevano un uomo che sapesse riconoscere il valore degli uomini. Non una che si prende un ragazzo e lo tiene con sé tutte le sere. Quando le riferirono che anche l'esercito era entrato in agitazione, e che tutti ovunque dicevano le stesse cose, Humāy pensò che la sovranità rappresentava un grave peso e che era davvero infamante che attribuissero un tale comportamento. Rimase a lungo pensierosa.

La gente non sa che Darab è mio figlio e che la scorsa notte ho sognato che a lui andrà il regno e quando accadrà, lui non mi proteggerà. Io, per parte mia, so di averlo abbandonato alle acque ma non mi è ben chiaro il significato dell'elefante che ho sognato e perché sono finita sotto le sue zampe. Se Jamharun fosse vivo me lo potrebbe spiegare ma ora, per come stanno le cose, non mi resta altra scelta che distruggere Darab, per consolidare la mia posizione. Devo fare in fretta, finché è nelle mie mani: se si allontana può armarsi e prendermi il regno con la forza. È anche vero, però, che in questo momento per il popolo non è lui il nemico ma sono io.

Così andava meditando la Regina dell'Iran e a conclusione delle sue riflessioni, cominciò a occuparsi dell'uccisione di Darab. Ordinò che Dastur e Rashnavad si presentassero a palazzo e non era trascorsa un'ora che le porte si aprirono e i due fecero insieme il loro ingresso, andando a inchinarsi davanti al trono.

"Voglio che andiate e uccidiate Darab: scegliete un luogo dove non vi siano né acqua né erba, e dove la terra sia sterile".

"Così sei nel giusto, Signora, e in questo modo metti a tacere tutte le lingue". E subito spalancò le porte del palazzo gridando: "Venite, o valorosi, la Regina ci consegna Darab per ucciderlo!"

Era una folla, quella che entro dove Darab era rinchiuso: lo afferrarono, gli legarono i piedi e lo portarono fuori.

"Cosa è successo? Dove mi portate?", chiedeva Darab.

"Humāy ha ordinato di ucciderti per il crimine che hai commesso la scorsa notte!"

"Portatemi davanti a Humāy e lì fate di me quello che volete".

"Noi siamo venuti per ucciderti, cosa devi fare in presenza della Regina?"

"Se dovete uccidermi è meglio che lo facciate là, così potrò vederla un'ultima volta".

Lo portarono dove si trovava Humāy, nel suo iwan[47], e quando arrivarono lei era in trono.

"Per l'anima di Ardashir" gridò Darab, "che mi

---

[47] Nelle moschee e nei palazzi: ambiente coperto, aperto solo verso l'esterno.

è apparso in sogno e nel sogno gli ho parlato!"

Quando Humāy sentì il grido di Darab, e quello che diceva di Ardashir e del sogno, provò una fitta al cuore.

"Portami Darab!" ordinò a Rashnavad. "Voglio capire cosa sta dicendo, che sogno ha fatto!"

Rashnavad fece portare Darab perché lo vedesse, e quando lo vide l'amore per il figlio tornò a sconvolgerle il cuore.

"Darab, cosa hai sognato?" gli chiese piangendo.

"Regina" le rispose lui, "può un male essere ricompensa per un bene?"

"Bene per il bene, male per il male".

"Questo è stato il mio sogno, Humāy: tu sei sotto le zampe di un elefante e chiedi il mio aiuto; io affronto l'elefante".

I due sogni coincidevano: tutti, ascoltando il sogno di Darab, restarono stupiti. Humāy scoppiò in pianto, poi lanciò un grido e cadde riversa sul trono: sembrava avere perso il senno e i presenti si chiedevano a cosa avrebbero potuto condurre le parole di Darab. Trascinarono Darab fuori dal palazzo, mentre lui continuava a ripetere: "Vi prego, vi prego, aspettate che Humāy si riprenda!"

Dastur ordinò di portarlo via e di farla finita

con lui ma Darab continuava a gridare che Humāy non sapeva quello che gli stavano facendo e la chiamava con voce straziante.

"Humāy, mi portano via per uccidermi ma io non ti ho ucciso nel sogno, sono stato leale e tu devi farmi liberare!"

Per quanto gridasse, non ne ricavò nulla e lo portarono fuori dalle porte del palazzo.

Intanto Zahak venne a sapere che Humāy aveva ordinato di uccidere Darab: si presentò a Rashnavad, s'inchinò e chiese: "Prode signore, dove state portando Darab?"

"Lo faccio portare via per ucciderlo".

"Datelo a me!" propose Zahak, "sentite queste parole: Lo porterò in un luogo che nessuno conosce: una cava dove non esiste forma di vita, dove soffia un simun che brucia chiunque vi si avventuri, dove non c'è erba, dove nessun animale si stabilisce. Datemi Darab" ripeté, "affinché io lo porti in quella terra e versi il suo sangue".

"Buona idea", rispose Rashnavad. "Facciamo in fretta, mentre Humāy non ha ancora ripreso conoscenza".

Zahak prese Darab e si mosse con i suoi uomini. Il ragazzo guardò e vide Zahak e gli altri che venivano dietro di lui: schiavi arabi senza pietà, bruttissimi nell'aspetto e terribili in volto e ognuno di loro aveva le dimensioni della torre di un castello.

"Voi!" li apostrofò. "Chi vi ha messo a scortarmi?"

"Rashnavad, con l'ordine di ucciderti, rispose Zahak".

"Allora quel giorno, nel prato, io non ti ho ucciso solo perché oggi tu mi potessi uccidere! È così?"

"Spero che gli uccelli dell'aria piangano su di te".

Darab cominciò a piangere e tra sé pensò – Chi sono io, che non ho nessuno al mondo? Prima sono capitato nelle mani di un lavandaio e poi in quelle dell'emiro Mardu, che è stato ucciso. Ora proprio la persona che amavo ordina di uccidermi! E io non so chi siano mio padre e mia madre e perché al mondo nessuno prova amore e compassione per me e sembra che tutti siano assetati del mio sangue. Molto parlò e pianse, il disgraziato giovane, appellandosi alla sovrana e ai principi perché lo liberassero dalla gente che lo stava portando al macello. A nulla servì. Nell'ora della preghiera del pomeriggio giunsero a una profonda valle: un luogo terribile, dove non cresceva l'erba perché il vento rovente del deserto bruciava le foglie e la terra bolliva da sola.

Portato dentro a quella cava, Darab fu assalito dalla disperazione e pregò, invocando ad alta voce l'aiuto di Dio. C'era un arabo di nome Iflah, che significa "labbro inferiore spaccato": Zahak gli ordinò di staccare la testa di Darab dal corpo, così da poterla mandare a Humāy. L'arabo sguainò una spada che sembrava un grosso porro, che quando viene piantato penetra in profondità nella terra: vibrò un primo colpo in direzione di Darab e alzò quindi la spada per calarla su di lui e finirlo.

Darab si riscosse dalla sua tristezza, vide la spada incombere sopra la sua testa, si rivolse al cielo e pregò. Allora lì, dov'è la volontà di Dio, si scatenò un vento terribile, così terribile che rovesciò tutti: gli uomini non si vedevano l'un l'altro e un'immensa fiammata si alzò dal deserto. L'arabo cadde in avanti, e la spada gli sfuggì di mano.

"Zahak" gridò all'arabo. "Taglia la testa a Darab! Sbrigati! ma l'arabo rispose che il vento non gliielo consentiva. Allora Zahak stesso si fece avanti, sguainò la spada e la puntò contro Darab ma per quanto si sforzasse, il vento non gli permetteva di avvicinarsi".

Mentre tentava di raddoppiare gli sforzi, apparve un dragone accanto a Darab, con le fauci spalancate: il dragone soffiò e il fuoco invase tutta la spianata. Zahak e tutti i suoi uomini fuggirono e corsero senza fermarsi fino a che arrivarono davanti a Humāy.

La Regina era ancora svenuta. Quando riprese conoscenza chiese: "Cosa avete fatto a Darab?"

Noi l'abbiamo portato via per ucciderlo, iniziò a raccontare Zahak e continuò descrivendo ciò che era accaduto. Humāy volle subito alzarsi e mettersi in cammino: camminava e piangeva, e tutti i nobili andavano con lei fino a che arrivarono al deserto dove era stato portato Darab. Lo videro caduto a terra, con il dragone sopra di lui: Humāy scese da cavallo piangendo e gridando, prese Darab da lì e lo portò a palazzo. Quando videro ciò, tutti i cortigiani si dispersero. Quella notte Humāy vide in sogno Ardashir che avanzava verso di lei, con la testa e i piedi nudi e tenendo Darab per mano, e con lui arrivò davanti al trono anche Esfandyar, con la spada sguainata. Ardashir si avvicinò, tolse la corona dalla testa di Humāy e la pose su quella di Darab, poi prese la regina per mano, la condusse giù dal trono e pose Darab al suo posto, tra i quattro cuscini. Infine ordinò a Humāy di coprirsi il volto.

Esfandyar la apostrofò con violenza: "Stupida che sei! Forse che noi, con i nostri figli, abbiamo fatto quello che hai fatto tu? Hai abbandonato tuo figlio alle acque e poi lo hai consegnato perché lo uccidessero, e adesso lo tieni prigioniero. E fai questo per riguardo verso l'esercito?".

Poi abbandonò Humāy in un angolo e si rivolse ad Ardashir: "Sorvegliala tu, mentre io vado a uccidere quel cavaliere che era venuto per togliere la vita a Darab".

Non appena Esfandyar se ne fu andato, Ardashir si rivolse a Humāy: "Presto, mentre mio padre non è qui: alzati e torna sul trono, prendi la corona dalla testa di Darab e rimettila sulla tua".

Humāy si svegliò gridando da questo sogno, accorsero le schiave e la trovarono che si colpiva e si strappava i capelli: alle loro domande non rispose nulla e parlò solo per ordinare che le portassero Darab: quando arrivò si alzò dal letto, gli andò vicino e gli si mise dinanzi.

"Vita mia" gli disse, "ora tua madre ti porterà sul trono e ti consegnerà il regno, perché a te spettano il trono e la corona!"

"Madre!" esclamò Darab quando sentì queste parole. "Chi al mondo potrebbe fare a un figlio ciò che tu hai fatto a me? Hai ordinato che mi uccidessero e solo Dio, che è giusto, ha allontanato la morte e mi ha salvato".

"Vita mia, tutto questo è passato: quella madre

che ti aveva nascosto al mondo non c'è più. La notte scorsa ho visto in sogno tuo padre e tuo nonno e ieri, quando sono arrivata in quel deserto e ho visto il dragone che stava sopra la tua testa, ho capito che tu vieni dalla semenza di Fereydun".

"Se tu sei mia madre", la interrogò Darab - mio padre chi era? Dimmelo, e spiegami anche perché mi hai abbandonato".

Humāy raccontò tutto a Darab, dall'inizio alla fine, e alla fine egli si alzò e abbracciò la testa della madre. Anche Humåy lo abbracciò e disse: "Domani tu sarai in trono: l'esercito saluterà la tua sovranità e io mi ritirerò a vita privata".

Ma Darab la pensava diversamente.

"Bada, madre: se tu annuncerai che sono tuo figlio, nessuno ti crederà. Ma io cosa fare".

"Vita mia, quell'uomo con la spada sguainata era tuo nonno, Esfandyar figlio di Gushtasp".

"E chi era quello che ha tolto la corona dalla mia testa e l'ha posata sulla tua?".

"Era tuo padre, Ardashir: colui da cui sei nato".

"Quindi, mio padre stesso ha preso la corona dalla mia testa e l'ha posata sulla tua: questo significa che non è ancora giunto per me il tempo di regnare. Se la corona fosse rimasta sulla mia testa, la sovranità sarebbe stata sicuramente assegnata a me. Per ora, dunque, apparterrà ancora a te la sovranità: conserva il regno per me, fino a che ti dirò cosa fare. Anche perché anch'io ieri sera ho fatto un sogno".

"Quale sogno? Dimmi!".

Darab le raccontò tutto ciò che aveva visto e Humāy riconobbe il suo stesso sogno.

"Cosa pensi di fare, in attesa che arrivi il tuo momento di regnare?".

"Farò il ministro di stato".

"Questo, però, non è possibile perché l'esercito nutre sospetti su di te".

"Però, se fossi ministro ti potrei vedere ogni giorno. Potresti anche nominarmi palafreniere, così correrei a fianco del tuo cavallo".

"Non può essere: è disdicevole che tu, un principe, diventi palafreniere".

"Madre mia" la ammonì Darab, "tu continui a usare con me parole sbagliate: io adesso so che sono tuo figlio e che tu sei mia madre. So anche che ho visto mio padre in sogno. Ora è al popolo, che tutto ciò deve diventare chiaro".

"Quello che dici è giusto ma è anche necessario che tu non ti lasci trascinare e non dichiari guerra ad alcuno, in questo frattempo".

"Non temere: fino a ora non sapevo chi ero

ma adesso è tutto chiaro e mi comporterò di conseguenza".

"Come ci comporteremo domani?".

"Questa sera, madre, rimetti ai miei piedi le catene e fammi riportare alla prigione, per non essere criticata: ricorda che tutto quello che arriva dalla lingua del popolo, è come se arrivasse dalla lingua di Dio. Domani portami davanti alla corte e accusati e giura, di modo che il loro cuore sia contento. Quindi toglimi le catene e assegnami l'incarico di palafreniere: potrò continuare a vederti, quando sarò in servizio, e studierò il momento più opportuno per mettere fine a questa storia".

Humāy acconsentì: sistemò le catene ai piedi di Darab e lo rimandò in prigione, nell'attesa di richiamarlo il giorno dopo e portarlo davanti all'assemblea. Fatto questo andò a dormire. La notte fu molto agitata: non vide sogni perché non riuscì a dormire e pianse in continuazione. A metà della notte si alzò, indossò abiti bianchi e si recò al tempio: qui pregò secondo i riti e chiese perdono per le sue azioni.

"O tu che sei potente e sai capire il dolore, con queste parole pregò - tu sai provvedere ai tuoi servi e la forza della tua giustizia mi ha restituito mio figlio. Ora, con la tua potenza, fa' in modo che ogni cosa sia chiarita e che io possa mettere fine a tutte le accuse. Lo sai: non è giusto che i miei cortigiani siano ricoperti d'oro e i loro cavalli abbiano finiture preziose, mentre mio figlio è senza nulla e va a piedi, lui che discende dalla stirpe di Fereydun".

Così si lamentò Humāy quella notte, fino a che si fece giorno. Quindi si levò, indossò abiti regali e si pose sul capo la corona. Poi ordinò che fosse portato Darab, con le catene ai piedi, e una volta che lo ebbe davanti a sé si rivolse ai nobili.

"Cosa volete ora, miei nobili signori?" li apostrofò, "Darab è qui, fate ciò che volete: uccidetelo o liberatelo, a piacere vostro!".

I figli di Jamharun si alzarono e ripeterono la loro accusa: "Nostro padre è stato ucciso!".

Humāy si rivolse verso di loro, fosca in volto.

"Non eravate anche voi, ieri, nel deserto? E non avete forse visto quel dragone?".

"Noi non abbiamo visto nulla", negarono quelli. "Speravano che Darab venisse messo a morte, perché ne avevano paura".

Humāy ordinò allora che le venisse portato Zahak.

"Zahak", gli chiese quando l'ebbe davanti, "ieri tu hai portato via Darab per ucciderlo: dimmi, cosa hai visto?".

"Non ho visto nulla", negò tutto anche lui. "Ricordo solo che si è alzato un vento orribile e che mi sono messo a cercare un rifugio, perdendo di vista Darab. Ho immaginato che il vento l'avesse portato via".

"Non tirate fuori scuse: ieri l'avete portato via, perché non l'avete ucciso?".

"Regina, serva di Dio", insistettero i nobili, "ordina che venga ucciso oggi, qui, alla nostra e alla tua presenza. Se così non sarà, capiremo che noi non valiamo nulla ai tuoi occhi".

"Che uomini coraggiosi! Perché mentite? Io stessa ho visto il dragone, così come l'avete visto voi, ma adesso negate perché volete a tutti i costi che Darab sia ucciso!".

Si alzò una voce, senza volto.

"Regina, tu cerchi scuse perché sei innamorata di lui".

"Questo accade, quando sei senza un uomo!" mormorò tra se Humāy. "Se ci fosse un uomo accanto a me, costoro non alzerebbero la cresta. Io sono colpevole della mia disgrazia: Dio mi aveva dato un figlio e io l'ho abbandonato alle acque! Ma Dio che è giusto, l'ha protetto dalle fauci del leone e lo proteggerà anche dalle spade di costoro".

Poi si rivolse nuovamente ai presenti.

"Allora, quali sono le vostre intenzioni?".

"Uccidere Darab!".

Humāy ordinò di fare venire un boia, stesero il nità[48] e versarono il rig[49] per tagliare il collo a Darab: gli coprirono gli occhi, lo fecero inginocchiare e il boia si avvicinò e sguainò la spada. Un mormorio attraversò la sala.

"Finalmente ci siamo liberati di Darab, adesso gli tagliano la testa!"

Come d'uso, il boia si rivolse verso Humāy e chiese: "Calo la spada per ordine della Regina dell'Iran?".

"No! Aspetta!, gridò Humāy e quello si fermò, con la spada sguainata, mentre la folla seguiva con il fiato sospeso".

Humāy pregò dentro di sé: "Dio benedetto, proteggi Darab!", e poi ordinò al boia: "Colpisci!".

Il boia levò in alto la spada e la abbassò verso il collo di Darab.

La spada si ruppe a metà: per ordine di Dio, grande e misericordiosa, folti capelli erano cresciuti sul collo e sul corpo di Darab! I presenti, esterrefatti, si chiesero: "Che sarà mai?". Non

---

[48] Coperta/tappeto di pelle lavorata.

[49] Polvere d'oro.

sapevano che l'Altissimo stava proteggendo Darab perché doveva diventare il re del mondo.

Quando la spada si ruppe, Humāy esclamò - "Avete visto la potenza di Dio?",

Ma tutti gli astanti replicarono: "Tu hai operato una magia, hai scagliato un sortilegio".

"La volontà di Dio è che lui non sia ucciso" gridò Humāy, "e voi parlate di magia?" e, rivolta alle guardie. "Riportate Darab dov'era, fino a che non vi dirò cosa fare".

Quelli le ubbidirono e la Regina si volse ai presenti.

"Ciò che è giusto, è che io assegni un incarico a questo ragazzo perché si senta in dovere, se qualcuno ci attacca, di combattere per noi".

"Noi non lo vogliamo", replicarono quelli "e tu lo vuoi difendere per il suo valore: se tu lo liberi e non ci dimostra ostilità, questo va bene, ma se sai che da lui ci possono venire problemi non lo devi permettere".

"Gli assegnerò l'incarico di palafreniere".

"Così lui sarà più in alto di noi! Non siamo d'accordo: fagli piuttosto giurare che se ne andrà di qui, altrimenti ce ne andremo noi".

"Come sono sfortunata!" mormorò Humāy tra sé. "Sono costretta ad allontanare da me il mio stesso figlio e tutto questo per causa mia, perché quella volta l'ho abbandonato alle acque. Dio l'ha protetto, però, e il mio volere è che a lui passino il potere e il regno, affinché tutti sappiano che nessuno può sostituirsi all'Altissimo".

Quindi congedò tutti i presenti, che se ne andarono mormorando l'uno con l'altro.

"Che miracolo, quella spada spezzata a metà!"

Certo Humāy conosce le arti magiche e noi abbiamo assistito a un incantesimo.

"Così deve essere andata, altrimenti Darab sarebbe stato ucciso".

Quando giunse la sera, Humāy volle vedere Darab.

"Vita mia" gli disse quando lo portarono alla sua presenza, "hai visto come si è comportato oggi l'esercito con noi?".

"Proprio tu ti meravigli? Tu, che mi hai abbandonato alle acque? Ora sei di fronte allo stesso comportamento".

"Figlio mio, è vicino il giorno in cui dovrai andartene di qui, fino a che l'esercito non si metterà l'animo in pace e non si sentirà al sicuro. Allora, ma solo allora potrai tornare e io organizzerò tutto affinché tu possa sedere sul trono regale".

"Così sia", rispose Darab.

"Se però non vuoi andare, io ti tolgo le catene

e tu prendi le armi, li fai fuori tutti e ti siedi sul trono".

"Non è tempo, madre: in quel sogno Ardashir ha portato via la corona dalla mia testa, e questo significa che me ne devo andare".

"Non allontanarti troppo, però, resta nelle vicinanze perché io ho bisogno di vederti almeno ogni dieci giorni".

Darab acconsentì. Humāy ordinò che portassero una cassa, l'aprì, diede a Darab tre manciate di gemme dicendogli di tenerle da conto e di cucirle nelle sue vesti. Darab prese le gemme dalla madre e lei continuò: "Vita mia, dieci di queste gemme te le avevo legate in vita quando ti ho abbandonato, e avevo anche riempito la cassa di oro e di perle. Quei preziosi, quelle gemme e quell'oro, tutto deve essere stato preso dal lavandaio che ti ha trovato nell'acqua".

"È vero, lui ha avuto compassione di me e questo deve essergli riconosciuto, disse Darab, quindi si fissò alla vita le gemme insieme a mille dinar e a una striscia di perle".

Humāy gli diede un cavallo con la bardatura d'oro e armi fatte a mano, raccomandandogli di lasciare il palazzo e la città prima dell'arrivo del giorno.

"No" rispose allora lui, "me ne andrò

pubblicamente: non voglio che qualcuno poi mormori che tu mi hai nascosto".

Piansero tutta la notte, Darab e Humāy. Quando fu giorno, tutti i notabili vennero a rendere omaggio. Humāy uscì dalle sue stanze, sedette in trono e mandò a prendere Darab, che aveva i piedi incatenati, poi si rivolse all'esercito dicendo: "Ecco Darab: cosa volete che si faccia, ora?".

"Ordinagli di andarsene e di non ritornare!".

Darab giurò che non sarebbe tornato fino a che non fosse giunto il tempo: allora lo avrebbe fatto. Quando udirono queste parole, tutti esultarono. Humāy ordinò che gli venissero tolte le catene e gli fece portare il cavallo e l'armatura. Darab la indossò, montò in groppa al destriero, sguainò la spada e si volse verso i cortigiani.

"Io ho giurato che non tornerò più nel vostro regno, come volevate, ma prima di andarmene voglio dimostrarvi la mia superiorità".

Così disse e spronò il cavallo. Il primo a essere ucciso fu Zahak e il grande Dastur se la diede a gambe levate. Roteando la spada, Darab uccise almeno venti soldati, tra arabi e persiani, poi si volse a Humāy: "Mia Signora, vado a cercare il lavandaio". Tutti concordarono che era un bene che se ne fosse andato.

INTERMEZZO: DARAB, DA FUGGIASCO A RE

La prima tappa del viaggio di Darab è in Oman, dove viene imprigionato per avere ucciso i figli del re. Nella notte Temrusyye[50], che il re dell'Oman aveva sposato dopo averla sottratta alla sua famiglia, gli propone di fuggire per cercare insieme a lei di raggiungere le isole del Mare di Grecia, dove regna suo padre. I due s'imbarcano con il proposito di raggiungere la loro meta per mare. Veleggiano incontrando avventure e creature di ogni genere e affrontando insidie a non finire: tempeste e talismani, cannibali e mostri marini. Sempre si salvano con l'aiuto di

---

[50] Questo nome potrebbe essere una versione arabo-persiana di Artemisia. Considerando che Artemisia I, sovrana di Alicarnasso (Asia Minore) è ricordata soprattutto per la sua partecipazione alle battaglie di Capo Artemisio e di Salamina (480 a.C.) - unica donna col grado di comandante nella flotta di Serse, era alla guida di cinque triremi – questo nome sembra particolarmente indovinato per la regina che porterà in salvo Darab dall'Oman al mare di Grecia, risalendo di isola in isola il Mare Eritreo.

sogni profetici, cure magiche, interventi divini, e talvolta anche grazie agli atti eroici di Darab. Poco dopo, però, le circostanze li separano e Darab arriva solo in un'isola del Mare di Grecia - forse Creta - percorrendo un canale scavato sotto il Monte Qaf, ovvero il Monte Sinai[51].

In quest'isola sposa Zan-klisa/Donna-di-chiesa, figlia del sovrano defumo, e viene incoronato re. Nel frattempo Temrusyye incontra il fratello Mehrasb ma dopo alcune avventure viene separata anche da lui. Temrusyye e Darab si ritrovano e si sposano ma la prima moglie di Darab, Zanklisa, uccide la rivale; poco dopa

---

[51] Erodoto e altri autori affermano che il sovrano achemenide Dario I tentò di scavare un canale allo scopo di ottimizzare i traffici dell'impero e soprattutto le importazioni dall'Egitto. Lo fece sfruttando gli antichi lavori effettuati sotto Necho II e ricongiungendo l'area dei Laghi Salati al Mar Rosso che da molto tempo non erano più collegati fra loro. Il canale di Dario era lungo quasi 140 chilometri e largo abbastanza da poter essere percorso da due triremi contemporaneamente. L'esistenza di un canale persiano completato è confermata non solo dalla testimonianza oculare di Erodoto, che visitò l'Egitto qualche tempo dopo il 454 a.C., ma anche dalla scoperta nel XIX secolo d.C. di quattro stele persiane commemorative poste lungo il suo percorso fino a Kabret, su una delle quali il testo inciso in cuneiforme recita: *Dice Dario il re: io sono un persiano; dalla Persia ho preso l'Egitto; ho dato ordine di scavare questo canale da un fiume di nome Nilo che scorre in Egitto, al mare che va dalla Persia. In seguito questo canale è stato scavato così come avevo ordinato, e le navi sono passate dall'Egitto attraverso questo canale alla Persia.*

perisce a sua volta a causa del morso di un serpente.Sopravvive il figlio di Temrusyye e Darab, cui è attribuito il nome di Dara.

Darab annuncia che per assicurare il trono al figlio tornerà in Persia: mentre è in viaggio, apprende che sua madre Humāy è stata sconfitta in battaglia dal Cesare di Rum[52], Filqus: discendente del mitico eroe iranico Salm, figlio di Fereydun, quindi un suo lontano parente. Darab si affretta a correre in aiuto della madre, ma prima che possa raggiungerla Humāy viene catturata e imprigionata nella città di Shahr-e Ray[53]. Darab la salva e lei gli cede il trono. Il Cesare di Rum viene sconfitto, catturato e tenuto prigioniero nella città di Istakhr[54]. Gli scontri riprendono sotto la guida di un fratello di Filqus ma anch'egli viene catturato da Darab, il quale gli chiede in moglie, quale tributo, la figlia di Filqus: Nahid[55].

---

[52] Bisanzio, per i medio orientali.

[53] Dove sorge il santuario dedicato a Bibi Shah-banu, figlia dell'ultimo re Sassanide, sconfitto dagli arabi conquistatori.

[54] Qui si svolse l'ultima disperata resistenza iranica contro la conquista dell'Islam.

[55] Il cui nome rieccheggia quello di Anahita, divinità pre-zoroastriana protettrice dei fiumi e delle acque limpide.

4. NAHID

Quando ricevette la richiesta, o meglio l'ordine di Darab, Filqus chiamò il mobad Faliqun e gli chiese consiglio.

"Non so cosa fare. Darab ha fatto prigionieri i miei ambasciatori e io ho fatto prigionieri i suoi: lui mi ha comunicato che vuole mia figlia in moglie e io non gliela voglio dare".

"Tua figlia è tanto bella, mio Signore, dovrai rassegnarti a vederla uscire dalla tua casa, prima o poi".

"Non ci penso nemmeno. Il mio cuore non accetta che mia figlia si sposi".

"Se non vuoi non gliela dare, sappi però che non sarà facile", lo ammonì Faliqun. "Guarda cos'è capitato al re dello Yemen: non voleva dare sua figlia a Fereydun perché voleva sposarla a un potente della terra; infine gliel'ha data e da lei sono discesi molti re. Ascoltami: dagli tua figlia, altrimenti sono convinto che te ne pentirai".

Filqus ordinò al mobad di cercare nelle alte

stelle la risposta al suo dilemma: Faliqun si alzò, puntò l'astrolabio e lesse il futuro nelle stelle più alte. Tornò da Filqus con il responso.

"Questo è ciò che ho visto: tu darai tua figlia a Darab e lui la sposerà ma poi te la rimanderà indietro". E aggiunse: "Nessuno conosce ciò che è nascosto, tranne Dio l'Altissimo, e tuttavia ecco ciò che vedo dai miei calcoli".

"Motivo di più: per nessuna ragione darò mia figlia a Darab".

"Servo di Dio" insistette il mobad, "questo comportamento non è degno di un re! Invia piuttosto dei messaggeri: che vadano da lui e gli portino in dono un bel vestito da cerimonia, poi concedigli tua figlia affinché tra voi sia pace. Sappi che se combatterai contro di lui non avrai la meglio!".

"Gli darò mia figlia" consentì infine Filqus, "ma non accetterò un ripudio".

"Tu intanto dagliela, il ripudio potrebbe anche non avvenire".

Allora Filqus si decise e ordinò che un messaggero portasse a Darab questo messaggio: "Avrai mia figlia ma null'altro!"

Il messaggio fu consegnato a Darab.

"Io voglio la fanciulla e null'altro: se risulterà perfetta, bene, altrimenti la rimanderò a suo padre e pretenderò ogni anno un tributo di mille uova d'oro. Se la ragazza risulterà perfetta, non vorrò nulla".

Il messaggero tornò da Filqus e gli riferì le parole di Darab: il re chiamò allora la madre della fanciulla, per informarla e chiedere il suo consiglio.

"Questa è la situazione che si presenta, cosa proponi?".

"Dagliela" rispose la donna, "e stiamo a vedere".

Filqus convocò allora gli uomini di Darab che teneva prigionieri, li liberò e consegnò loro un messaggio.

"Chiedete a Darab se verrà lui da me o io andrò da lui, per stendere il contratto di nozze".

Costoro andarono, si presentarono a Darab e riferirono il messaggio. Darab sentenziò: "Che si alzi il re dei Greci e venga da me".

Filqus e i suoi si mossero, quindi, per portare fuori dal palazzo la fanciulla, e consegnarla a Darab. Nahid, questo era il suo nome, prese con sé una spada e due schiave, una a destra e una a sinistra, e ognuna portava un vassoio su cui erano posati i capelli della principessa. Altre ragazze camminavano dietro di lei, tutte portando a tracolla una spada. Le seguivano schiave musicanti, mentre un servo dal volto d'inchiostro camminava davanti a tutti, reggendo un bastone tra le mani. Venivano poi altre cento schiave, portando doni: in questo modo condussero Nahid a Darab. Re Darab a quell'ora stava dormendo: si avvicinò un servo e lo toccò con un bastone: il re si svegliò e andò a sedersi in trono.

Vide Nahid, ferma in piedi davanti a lui: bella come centomila ritratti, con una corona posata sulla testa e ornata da molti gioielli. Si stropicciò gli occhi. Filqus e Faliqun si presentarono a lui.

"Questa è la figlia di Filqus, di cui il re si è compiaciuto. In questo momento non c'è nessuna bella come lei".

A quell'epoca c'era l'usanza che la prescelta venisse portata al re, affinché la esaminasse: se gli piaceva, il matrimonio veniva celebrato. Darab, dopo avere visto Nahid, sentenziò - Mi piace, disse, e lei s'inchinò. La delega per l'accordo era nelle mani di Faliqun, il mobad: egli la diede in moglie a Darab e le schiave presentarono i vassoi con i doni, poi rimasero in piedi davanti a lui. Le portatrici di spade si schierarono davanti a Darab.

"Signore dell'Iran" esclamarono, "ora devi dimostrare il tuo valore".

Allora Darab ordinò alle fanciulle di uscire, e quando le stanze rimasero vuote, si unì a Nahid e la perla cadde nella conchiglia. Faliqun portò la notizia a Filqus, che ne fu felice e si disse certo che Darab non avrebbe ripudiato sua figlia.

Dopo che Darab ebbe dimostrato il suo valore, le schiave ritornarono al loro posto, mentre Nahid e Darab riposavano. Anzi: Darab cadde addormentato e non si svegliò fino all'alba. Quando fu giorno si alzò, si accostò a Nahid e la baciò molte volte sulla bocca e al suo naso arrivò un odore sgradevole. Si tirò indietro di scatto, si alzò e si levò il viso e il corpo. Poi si vestì e andò a sedersi nelle sue stanze. Qui chiamò il suo consigliere, Janusiar, e gli raccontò cos'era successo: quello gli raccomandò di non parlarne ma Darab si ribellò a quest'idea.

"Non se ne parla nemmeno! Io non la voglio, questa donna, non fa per me!".

"Attento, Sire! È una discendente di Fereydun!".

Darab era irremovibile e Janusiar mandò allora a chiamare Faliqun e gli espose la situazione. Il mobad propose una via d'uscita: "Secondo me, se le aprirete una vena sotto la lingua, il problema scomparirà".

Darab però si oppose.

"Il mio cuore ormai si è raffreddato e sicuramente non la voglio più, e poi se ogni volta dobbiamo riaprire la vena, questa non è certo una buona soluzione".

E aggiunse: "Se da lei nascesse un figlio, sarebbe nemico di quello che ho già: Darab, figlio di Temrusyyeh, figlia di Fastaliqun. Conosco la cupidigia dei Greci, e non voglio ostilità tra due figli miei, e che dopo la mia morte su di me cadano le maledizioni e il biasimo degli zoroastriani. Non la voglio, ripeto, rimandatela a suo padre".

Quando Darab pronunciò queste parole, tutti gli iraniani che lo sentino pensavano: "Questo è il tuo volere, Signore!".

Tranne Janusiar, che continuò a ripetere: "Non possiamo agire così. Se tu vuoi restituire Nahid a suo padre, va seguita un'altra procedura: lo devi invitare, accogliere con le dovute forme, bere con lui e offrirgli doni. Solo allora gli potrai rimandare sua figlia e pretendere ogni anno da lui ti tributi e doni".

Darab accettò il consiglio di Janusiar: invitò Filqus, lo ricevette, gli presentò doni e bevve con lui e solo dopo avere fatto ciò gli restituì la figlia, ripudiandola. Filqus rientrò spingendo la figlia avanti a sé e disse alla madre di lei: "Da quando mi hai dato questa figlia, il mondo per me è diventato buio".

Dopo di che diede ordine che la ragazza fosse uccisa ma Faliqun il mobad lo fermò.

"Ti stai sbagliando, la vergogna non è quella che pensi: la ragazza era pura, il problema è che la sua bocca emana un cattivo odore e per questo motivo è stata cacciata".

Passò il tempo. Un giorno Nahid, che era seduta con il capo posato sulle ginocchia, cominciò a piangere sulla propria cattiva sorte: non solo suo padre sarebbe stato costretto a pagare un tributo ogni due anni ma ora, trascorsi ormai quattro mesi dall'incontro con Darab, sentiva un figlio muoversi nel suo ventre. Si confidò con la madre e quella prima pianse, poi escogitò una soluzione.

"Gioia mia, è un bel problema: se lo dico a tuo padre, sicuramente non reggerebbe la vergogna; se ci si rivolgesse a Darab, lui sosterrebbe che non può essere figlio suo perché tu con lui hai trascorso una notte soltanto. Mi raccomando, quindi: di questo non dobbiamo parlare con nessuno fino a che non si sarà trovata una scappatoia".

Decisero di aspettare fino al momento del parto. Quando fu ora, la madre ordinò alla nutrice di procurare una tenda nuova, un giaciglio, una borsa di dinar e tutto ciò che serve alle donne più alcuni gioielli di gran valore e un anello con un rubino molto prezioso.

Quindi scrisse una lettera, l'affidò alla figlia e ordinò del cibo perché lo portasse con sé; infine le ordinò di uscire di nascosto insieme alla nutrice e di recarsi al convento di Aristotele, sul monte Altün.

Quando arriverai a quel pianoro, disponi la tenda e non muoverti fino all'arrivo del bambino. Quando sarà nato, dagli il latte per qualche giorno e poi lascia i gioielli e il denaro nella tenda con la mia lettera e tutto il resto, quindi allontanati e ritorna qui.

Nahid e la nutrice montarono a cavallo e andarono verso il monte: piazzarono la tenda di fronte al convento del saggio Aristotele e Nahid aspettò per alcuni giorni, fino a che Dio l'Altissimo le mandò un figlio bello come centomila bellezze, con gli occhi neri e una voglia sulla testa.

Nahid quando lo vide pianse, poi si costrinse a farsi forza e seguì le istruzioni della madre: dopo alcuni giorni lo lasciò, con l'anello e tutto il resto, e piangendo se ne andò.

5. ISKANDAR

Colui che raccoglie le notizie e narra i segreti, Abu Tahereh al-Tarsusi, racconta che nella città vicina al convento viveva una povera donna che possedeva solo una capra. Ogni giorno la mandava al pascolo: la sera tornava, la vecchia la mungeva e con quel latte sopravviveva. Una sera accadde che la capra tornò e la donna andò per mungerla ma il latte non venne.

"Qualcuno ti ha munto al posto mio", esclamo la donna.

Il giorno dopo la condusse nuovamente al pascolo e si raccomandò al pastore.

"Pastore, ieri questa non mi ha dato latte e sono rimasta a digiuno. Sorvegliala bene, ti prego, perché da lei dipende la mia sopravvivenza".

Il pastore tenne gli occhi addosso alla capra per tutto il giorno, badando che nessun agnello si avvicinasse. Quando arrivo per il gregge il momento di andarsene, il pastore lo spinse avanti e lo portò fino in città. La vecchia era già lì per prendere la capra e la cercò in mezzo al gregge ma non la trovò in nessun luogo. Il pastore assicurò che fino al momento di andarsene dal pascolo la capra si trovava in mezzo al gregge e la donna, disperata, se ne andò piangendo.

Il giorno dopo si alzò per tempo ed era già vicina alle porte della città quando arrivò il pastore con il gregge e gli raccomandò di cercare ovunque la sua capra. Il pastore la rassicurò e in effetti, quando arrivò al pascolo, vide la capra ma al momento di andarsene non c'era più. Quando tornò in città con il gregge la vecchia lo stava aspettando e le dovette raccontare quello che era accaduto.

"È stata in mezzo al gregge fino all'ultimo momento ma non so dove sia poi sparita".

La donna decise allora che il giorno seguente sarebbe andata lei stessa al pascolo, così forse la capra avrebbe avuto paura della sua collera. Il giorno dopo, quando si presentò alla porta della città per aspettare l'arrivo del pastore, vide la sua capra in mezzo al gregge e la chiamò con dolcezza. La capra la scorse e trotterellò verso di lei belando lamentosamente; la padrona le grattò la nuca con tenerezza.

"Gioia della mamma, hai paura che io sia arrabbiata?".

Le disse, e s'incamminò con lei per tenerla d'occhio, dopo averle legato al collo un lembo del chador. All'improvviso, mentre camminavano, la capra si sciolse dal laccio e corse verso il monte mentre la sua padrona la inseguiva, chiamandola a gran voce. Quando il sole fu alto, giunsero al monte dove si trovava la tenda di Nahid e fu proprio in quella direzione che s'incamminò la capra.

"Andrò fino a lì" disse la donna tra sé, "forse troverò qualcuno che mi aiuterà a prendere la mia capretta".

Quando arrivò, vide un leone addormentato fuori da una tenda. Sappiate che quel leone era un inviato di Dio, che arrivava ogni sera e restava lì tutta la notte. Quando la capra gli fu accanto, il leone si alzò e la fece passare. La padrona della capra, molto incuriosita, si chiese cosa convenisse fare in quella situazione. Si avvicinò alla tenda, guardò dentro e vide che la capra stava dando il latte a un bambino, che tranquillamente prendeva il latte dalla mammella della capra. Restò a bocca aperta dallo stupore.

Ul giorno dopo, quando si alzò il sole, la donna prese in braccio il bambino e così facendo vide la lettera che era appoggiata sulla sua pancia. Trovò anche il piccolo fazzoletto, l'anello, i gioielli e la saccoccia di dinar: lasciando il bambino dove si trovava, corse verso il convento di Aristotele il santo. Aristotele ogni venti giorni usciva dal convento, sulla cui porta aveva costruito una specie di bottega, e lì si sistemava e riceveva chiunque venisse dalla città di Altün, elargendo consigli e giudizi. In questo modo trascorreva la sua vita, rendendo lode alla magnificenza di Dio e venerandolo. La donna lo chiamò dalla porta del convento.

"Sant'uomo, la porta è aperta: posso entrare?".

Tre volte lo chiamò e la quarta Aristotele rispose.

"Chi sei?".

"Una serva di Dio, una bisognosa".

"Vattene, hai sbagliato luogo di preghiera! Colui che esaudisce le preghiere è Dio, a lui onore e gloria".

"Sant'uomo" insistette lei, "ho portato con me qualcosa che mi è rimasto sulla groppa e ho bisogno di sapere da te cosa ne devo fare".

"Fammi vedere ciò che hai e prometti che ubbidirai a ciò che dirò".

La donna gli mostrò il bambino.

"Ecco, questo l'ho trovato in una tenda".

"Va'" le ordinò il saggio, "e nutri questo bambino con il latte della capra: usa l'oro che hai trovato per pagare la tua opera, ma tieni da parte l'anello e tutto il resto fino a che non si sia trovato chi chiede di lui. Per ora fa' che egli non venga a mancare, perché la sua esistenza è nel mondo. E considerati al suo servizio".

"Sant'uomo, posso avere la grazia di rimanere in questo convento fino a che mi dovrò occupare di lui?".

"Vuoi mettere questo fardello sulla mia groppa?" la rimbeccò Aristotele. "Vai e portati il bambino a casa!".

La donna si alzò, prese il bambino con tute le sue cose e si diresse verso casa.

Il narratore dei fatti, colui che svela i segreti, Abu Tahereh al-Tarsusi, racconta che Nahid un giorno andò dalla nutrice.

"Mi chiedo come starà il bambino in quella tenda: sarà vivo o morto?".

"La cosa migliore è andare a vedere di persona".

Si alzarono, salirono a cavallo e arrivarono al luogo della nascita, dove non videro più nulla: Nahid si sedette in un angolo e pianse. Pianse per un'ora, poi si alzò e arrivò al convento, da Aristotele.

"Sant'uomo, noi avevamo lasciato un bambino dentro a una tenda, di fronte a questo convento, sai dirci dov'è finito?".

"L'ha preso una donna e l'ha portato via".

"Chi è quella donna e dove la posso trovare? chiese Nahid".

"Non so" rispose il santo, "non l'ho vista".

"Ti prego, o uomo puro: se quella donna viene ancora da te, raccomandale di accudire bene quel bambino".

Questo disse Nahid, figlia di Filqus, e tornò alla sua terra.

Arrivò il giorno in cui la donna tornò da Aristotele.

"Uomo timorato di Dio, ho nutrito questo bambino con il latte della capra e ora ha quattro anni: quali sono adesso i tuoi ordini?".

"Vai e portalo qui, perché è venuto qualcuno a chiedere di lui e lo ha reclamato".

La donna andò e ritornò con il bambino. Aristotele le ordinò di lasciarglielo e di tornare a casa a prendere il deposito che le era stato consegnato: ritornò con l'anello, la bandoliera e il fazzoletto, poi se ne andò.

Aristotele guardò il bambino e vide un volto che faceva vergognare il sole, per la potente costituzione e lo splendore divino che ardeva in lui. C'era una voglia scura sulla sua pelle e il saggio mormorò: "Sei forse figlio di re? Sei forse vittima di un'ingiustizia?".

Poi lo prese, lo portò nel convento e si impegnò a istruirlo, fino a che non apprese tutta la sua cultura e divenne tale nei calcoli astronomici che nessuno era più esperto di lui. Aristotele tenne il ragazzo con sé e non lo mostrò a nessuno fino a che non ebbe dieci anni e fu giunto al punto che non c'era mai stato nessuno come lui in tutti i tempi. Presto si diffuse la notizia che presso Aristotele viveva un fanciullo, suo allievo, la cui sapienza era tale che a ogni questione posta ad Aristotele, dava lui la risposta.

Un giorno Filqus spedì un messo ad Aristotele: "Vieni da me, o sapiente, poiché ho visto un sogno e voglio che tu me lo interpreti".

Invece di andare, Aristotele incaricò il ragazzo di recarsi in vece sua a interpretare quel sogno e quello si alzò, infilò al dito l'anello che era stato trovato nella tenda, e si mise in cammino. Al suo arrivo, trovò Filqus seduto in trono, tra quattro cuscini, e i nobili seduti intorno a lui. Il ragazzo teneva in mano un astrolabio e portava una tavoletta di pietra sotto il braccio.

Quando lo vide, Filqus rimase stupito per la sua bellezza e gli chiese: "Qual è il tuo rapporto con Aristotele?".

"Sono un suo allievo".

"E chi sono i tuoi genitori?".

"Non lo so, rispose il ragazzo e si apprestò ad ascoltare il sogno del re".

"Ho visto in sogno" narra Filqus "che mi hanno preso e mi hanno portato in cielo, poi mi hanno lasciato andare e da lì sono caduto in mare: un pesce enorme ha aperto la bocca, mi ha inghiottito, mi ha portato all'asciutto e mi ha lasciato. Poi ho sognato di essermi svegliato e di avere visto che qualcuno dormiva nel mio letto, uno sconosciuto che quando mi ha scorto si è alzato e se n'è andato e al suo posto, nel letto, ha lasciato un uovo. Ho preso l'uovo in mano e lo stavo guardando quando mi è caduto di mano e si è rotto: dall'uovo è uscito un fanciullo che se n'è andato, mentre io lo chiamavo e lo pregavo di tornare. In quel momento mi sono svegliato".

"È facile!" esclamò il ragazzo.

"Facile? Cosa vuoi più di questo: in un'ora sono salito fino al cielo, poi sono arrivato fino al fondo del mare e infine sono ritornato nel mio letto".

"Ma cosa dici?" replicò il ragazzo. "Non così va raccontato questo sogno. Avresti dovuto dire *Ho camminato per cinquecento anni*: se avessi pronunciato queste parole, il tuo regno sarebbe durato mille anni. Ora invece non ti rimane molto da vivere: al tuo posto rimarrà quello che è uscito dall'uovo e ti è caduto dalla mano. Tu lo amerai e gli affiderai il trono ma anche lui avrà pochi anni di vita".

Sentendo queste parole, Filqus disse a se stesso: "La vergogna che mi viene da questo giovane non si deve sapere: il responsabile è Aristotele che me l'ha mandato. Fece incarcerare il ragazzo e subito dopo spedì un cavaliere con l'ordine di prendere Aristotele e portarlo a corte, senza fargli sapere che il suo allievo era stato imprigionato".

Aristotele aveva previsto cosa sarebbe successo e quando fu alla presenza di Filqus si inchinò e parlò.

"O re" gli disse, "perché hai fermato la lingua quando si sarebbe potuto adempiere il sogno e tu per mille anni saresti stato re? Lo sbaglio è stato tuo, non dovevi prendertela con il mio allievo".

"Avevo detto al messo che ti ho mandato di non dirti nulla ma vedo invece che ha parlato!".

"Il tuo cavaliere non mi ha detto nulla: io la notte scorsa ho visto un sogno e ho saputo che la tua lingua avrebbe commesso un errore, che tu avresti imprigionato il mio allievo e che poi mi avresti chiamato. E sappi che non c'era alcuno sbaglio nel suo vaticinio".

"Tu come interpreti la risposta che mi ha dato?"

"Esattamente come l'ha interpretata il mio allievo!" sentenziò Aristotele e si alzò per andarsene. "Andrò in Grecia, ora dove è possibile che io trovi Platone il Saggio, perché ho avuto notizia che è da quelle parti, sopra un monte".

Filqus gli propose di lasciare il suo allievo presso di lui, ma Aristotele obiettò che il ragazzo non aveva ancora studiato abbastanza, al che il re propose che lo stesso Aristotele sarebbe potuto ritornare ogni tanto per istruirlo e alla fine quello acconsentì e inoltre rimase ancora per un anno al convento, impegnato a completare l'educazione del ragazzo. Filqus ogni tanto si recava da loro.

Il narratore di notizie e svelatore di segreti, Abu Tahereh al-Tarsusi racconta che Darab, figlio di Bahman Ardashir, passò alla vita eterna e che prima di morire nominò suo successore Dara, figlio suo e di Temrusyyeh, figlia del re di Creta.

Fatto questo, passò alla vita eterna e, morto lui, nessuno sapeva che esisteva un altro figlio, concepito da Darab con Nahid, figlia del re di Rum. Nel frattempo, nella città di Altü accadeva questo: ogni volta che qualcuno vedeva un sogno, da ogni luogo anche il più lontano si recava presso Aristotele ed egli delegava l'interpretazione

178

dei sogni al suo allievo, al quale aveva ormai trasmesso tutta la sua sapienza astrologica. Alla scadenza stabilita, il vecchio saggio riportò l'allievo a corte e lo riconsegnò a Filqus.

"Questo ragazzo è un dono per il mondo, lo affido a te in deposito".

Questo gli disse e inoltre, poiché Filqus voleva conoscere le origini di quel giovane, gli raccontò quello che sapeva e mostrò al re l'anello che il ragazzo portava al dito. Filqus pensò tra se che il ragazzo doveva certamente avere nobili origini ma non disse nulla: gli restituì l'anello e lo introdusse a corte.

6. ISKANDAR
E MEHRNUSH

Nahid intanto non pensava più al figlio perduto: un uomo di un paese barbaro l'aveva chiesta in moglie e lei viveva con lui. Un giorno le giunse la notizia che alla corte del padre era arrivato un ragazzo che era stato educato da Aristotele: le venne un sospetto e ne parlò con la nutrice che le ricordò il neo sulla pelle che aveva il bambino abbandonato. Nahid spedì dunque un suo inviato alla corte del padre e questi tornò raccontando quello che aveva visto e lei fu certa che l'allievo di Aristotele fosse il figlio abbandonato. Pianse e capì che tutto ciò era accaduto per volontà di Dio.

Intanto il ragazzo, il suo nome era Iskandar, viveva presso il padre di sua madre ma non lo sapeva. Ogni giorno si recava nel giardino del re, dove giocava e si bagnava nudo in una vasca. Filqus aveva anche un'altra figlia, oltre a Nahid, di nome Mehrnush che significa Sole eterno ed

Eterna bellezza. Un giorno lo sguardo di lei cadde su Iskandar e il sangue le ribollì: con la forza di centomila cuori s'innamorò di lui e per un'ora pianse senza poter distogliere lo sguardo fino a che lui non uscì dall'acqua.

Allora la fanciulla tornò nelle sue stanze e perse il sonno della notte, si allontanò dal cibo e dal vino, gioia e piacere la abbandonarono e cominciò a consumarsi: ogni giorno si recava a palazzo, guardava Iskandar e piangeva. Se un giorno il ragazzo non si faceva vedere, lei andava cercandolo come pazza. Fino a che una sera si levò e arrivò dove egli dormiva: lei era senza vestiti, entrò nel suo letto e lo abbracciò. Iskandar si svegliò e le chiese chi fosse.

"Sono Mehrnush, figlia di Filqus, e ti porto amore".

"Hai fatto male" rispose il ragazzo, "non sai che se tuo padre lo viene a sapere ci uccide?".

"Non ti preoccupare, mio padre non può sapere dove mi trovo".

Il ragazzo non disse altro fino al mattino, poi si alzò e si lavò la testa e il corpo. Era ancora un ragazzino. Lei andò a salutare Filqus e un'ora dopo era già tornata da lui. Così ogni sera si alzava e andava dove viveva Iskandar. Infine una sera portò del vino: entrambi bevvero senza misura e si addormentarono senza nulla addosso. Quella sera Filqus sognò e nel sogno sua figlia Mehrnush gli compariva davanti reggendo tra le mani un grande mazzo di fiori rossi, mentre lui era in riunione con Iskandar. In quel sogno vide la figlia entrare, versare del vino, porgere i fiori rossi al ragazzo e poi voltarsi per andarsene.

Nel sogno, il re esclamava: "Tu, ragazza! Cosa significa, questo? Che razza d'impudenza è mai, da parte tua, comportarti in questo modo con lui".

E lei rispondeva: "Io lo amo!".

Filqus si svegliò, si alzò, si vestì, ordinò che portassero un lume e si diresse verso il luogo dove dormiva Iskandar, per chiedergli una interpretazione del sogno. Quando arrivò alle sue stanze, Mehrnush e il ragazzo erano addormentati. Filkus bussò, Iskandar si svegliò e capì chi era: si alzò, lasciando Mehrnush addormentata, e aprì la porta.

"Entra, o re!".

Filqus entrò dove Mehrnush stava dormendo. Al rumore lei si levò e si mise a sedere sul letto: quando vide suo padre cercò di coprirsi e nascondersi ma lui la riconobbe e l'afferrò per i capelli.

"Ahi, malnata! Che fai qui?".

Filqus estrasse uno spadino da uno stivale e le staccò la testa dal corpo poi ordinò ai servi di portargli Iskandar. Il quale, vista la mal parata, era fuggito nel frutteto dove trovò un albero proprio accanto al muro: vi salì sopra, si appese a un ramo e fuggì, correndo in direzione del Monte Altun per mettersi in salvo presso Aristotele. Il saggio gli ordinò di andarsene, perché lo stavano cercando per ucciderlo, ma il ragazzo rifiutò.

"Non ho commesso alcun crimine, continuava a ripetere".

"Prima del tuo arrivo ho visto un sogno e l'ho interpretato" gli raccontò Aristotele, "ma non te lo racconterò. Tu te ne devi andare".

Convinto, Iskandar chiese dove era meglio che andasse.

"Va' verso Qanvat, dove è re Firuzshah, gli consigliò Aristotele".

Il ragazzo andò in città, dalla donna che lo aveva allevato.

"Gioia mia, come stai?" gli chiese lei abbracciandolo.

Se vuoi che ti racconti cosa mi è successo, devi darmi prima qualcosa da mangiare.

"Racconta!" lo sollecitò lei, mettendogli davanti quello che aveva in casa.

Iskandar le descrisse l'accaduto e la donna

osservò: "Mio caro, con questa bellezza che Dio ti ha dato, è chiaro che chiunque ti vede s'innamora! Ora cosa pensi di fare?".

"Non posso fermarmi ancora da te, bisogna che io vada altrove".

La donna allora si alzò, andò a vendere qualcosa di quello che aveva, e prese il ricavato e quella sera stessa uscì dalla città insieme a Iskandar e insieme andarono, città dopo città, finché giunsero a Qanvat, dov'era re Firuzshah che aveva sposato Nahid.

7. ISKANDAR E NAHID

La donna suggerì a Iskandar di indossare abiti vecchi, per non essere riconosciuto, e il ragazzo così fece. Trascorsero alcuni giorni e i due rimasero senza soldi.

"Madre, vado alla corte di Firuzshah, là dove ci sono gli scribi, sperando che qualcuno mi dia un lavoro".

La donna approvò e il ragazzo si recò alla sala degli scribi presso il Divano. Quando fu arrivato salutò e aspettò in piedi, fino a che un dignitario si accorse di lui.

"Tu, ragazzo, cosa fai qui?"

"Conosco un poco l'arte della scrittura e ho bisogno di lavorare".

"Vieni giusto a proposito", disse quello.

Allora tutti lo guardarono e videro su di lui uno splendore divino che emanava dalla sua bellezza, e un neo grande come un'unghia sul suo viso. Quello era il segno di Hushang, che alcuni dei discendenti avevano in viso e altri sul petto.

"Io ho bisogno di qualcuno che si metta al mio servizio e porti la mia valigetta poiché non ho un servo: se starai con me ti darò il vestiario e un salario".

Iskandar accettò e si sedette ad aspettare che lo scriba si liberasse dagli obblighi del Divano, poi raccolse la valigetta e i quaderni, prese il calamaio, uscì e si diresse con lo scriba verso la casa di lui. Qui lo scriba si fermò di fronte al ragazzo e gli chiese se avesse qualcuno che si prendeva cura di lui.

"Ho una madre" rispose Iskandar.

"Vai e portala qui, affinché ti possa affidare a me e troviamo un accordo per il salario".

Il ragazzo andò e disse alla madre e disse: "Alzati e andiamo dallo scriba, perché lui possa stabilire il mio salario e tu sia un poco sollevata dalle tue fatiche".

La donna si alzò, si presentò alla casa dello scriba, salutò e disse: "Sono al vostro servizio" e si sedette su un cuscino.

Lo scriba rispose al saluto e chiese da quale città fossero venuti lei e il ragazzo.

"Da Iskandaryyeh, una città ai piedi del monte Altūn".

Per questo gli hai messo nome Iskandar?

"Proprio così!".

"Mi daresti questo ragazzo per uno stipendio di un dirham al giorno?".

La donna accettò e lo scriba anticipò un mese di stipendio. Lei, raccolte le pesanti monete, se ne andò e tornò a casa, mentre il ragazzo rimase lì e la mattina dopo, presa la valigetta dello scriba, arrivò con lui al palazzo del re. Quando lo scriba si sedette, e il ragazzo gli si mise accanto, gli occhi di tutti si fissarono su Iskandar per la sua bellezza e per quello splendore divino che emanava da lui, tanto che appariva quasi sublime. Un giorno lo scriba mandò il ragazzo da solo al Divano, perché non si sentiva molto bene, e gli diede ordini precisi.

"Riferiscimi di tutto ciò di cui si discute o mandami le carte, affinché io abbia copia di tutto".

"Non temere, andrà tutto bene".

Dopo avere rassicurato il suo padrone, Iskandar si alzò, si recò al Divano, e salutò i presenti.

"Il mio signore oggi è ammalato e non può venire, vuole che sia scritto ciò di cui oggi si discute e che gliene sia mandata una trascrizione per averne copia".

"Tu hai affermato di conoscere l'arte della scrittura!" disse uno degli scribi. "Seguimi e ti darò della carta affinché tu possa sostituirti al tuo maestro".

Ma Iskandar dovette rifiutare, poiché non poteva impegnarsi in un lavoro senza l'ordine del suo padrone, allora i presenti gli consigliarono di andare a chiedere l'autorizzazione del suo signore.

"Vai, allora", lo sollecitarono, "e chiedigli questa autorizzazione!".

Così fece e quando tornò gli scribi gli diedero carta e calamo e posero davanti a lui un calamaio. Iskandar prese un coltello, affilò il calamo e si posò la carta sulle ginocchia. Gli occhi di tutti si puntarono sul suo calamo per la bellezza della scrittura che ne usciva, quasi fosse un ricamo perfetto. Intreccio dopo intreccio, e voluta dopo voluta e ricciolo dopo ricciolo si susseguirono nella scrittura, fino a che la seduta si concluse e tutti gli scribi sedettero nuovamente, si interrogarono l'un l'altro e ricevettero quanto conteggiato. Iskandar presentò il suo resoconto, aprì la mano e conteggiò il dovuto secondo contratto: tutti i contabili rimasero stupiti che un ragazzino così giovane sapesse contare così velocemente.

A conclusione dei conteggi, quando videro quella scrittura così elegante e insieme quei conti così giusti, tutte le teste si avvicinarono e gli scribi sussurrarono fra loro.

"Allontaniamo questo ragazzo da qui, è necessario che se ne vada!".

Si alzarono tutti insieme, i recarono dal principale di Iskandar e gli mostrarono il resoconto della seduta di quel giorno, trascritto dal ragazzo. Quello chiese di cosa si trattasse.

"Il ragazzino che ci hai messo in mezzo, scrive e fa di conto con questa perfezione! Se non lo allontanerai al più presto, ne andrà di mezzo il tuo onore e il nostro".

Lo scriba, vista quella scrittura, si convinse che un apprendista così non gli conveniva e lo licenziò. Iskandar tornò a casa in lacrime e si sedette davanti alla donna che lui chiamava madre.

"Gioia di mamma" gli chiese lei, "perché piangi?".

"Gli scribi mi hanno cacciato!".

"Incredibile! Comunque non affliggerti: tua madre farà girare il fuso e ti manterrà".

Iskandar trascorreva in casa i suoi giorni. Un giorno il suo cuore fu assalito dalla tristezza, allora si alzò e se ne andò in giro per il bazar, là dove si trovavano i maghi: erano soprattutto astrologi ma non trovò nessuno che ne sapesse veramente qualcosa.

Allora disse a se stesso: "Non c'è nessuno migliore di me in quest'arte: se mi metto in piazza e prendo una bottega, visto che io conosco questa scienza meglio di tutti, potrebbe anche venirmene un bel guadagno. Rientrò subito a casa".

"Madre" disse alla donna, "trova il modo di comprarmi un astrolabio, così che io possa piazzarmi in una bottega e darmi all'astrologia, chissà che non me ne venga un bel guadagno".

La donna si alzò, prese con sé una bella quantità di filato e andò a venderla al mercato; portò il ricavato a Iskandar che con quello comperò un astrolabio e una tavoletta di pietra, da cui ottenne un calendario, quindi andò a piazzarsi a un angolo di strada e mise la tavoletta e l'astrolabio davanti a sé. Quelli che lo videro, così attrezzato, si fecero avanti e chiesero se sapesse interpretare i sogni. So farlo, rispose Iskandar. Allora uno si sedette davanti a lui e iniziò a raccontare.

"Ho visto in sogno che in un giorno luminoso entravo in una casa buia e non ne potevo più uscire".

"Vai" gli disse Iskandar, "e fai attenzione al muro rotto!".

"Proprio bravo questo astrologo: vorrei sapere cosa c'entra un muro rotto con una casa buia?

Bambino! Perché non ti alzi e te ne torni a giocare? Quant'è antica la tua sapienza astrologica, tu che hai ancora odore di latte in bocca!".

Un altro uomo, iroso e sarcastico, si rivolse a Iskandar.

"Tu, ragazzo! Se si vedono prugne mature cadere dall'albero in inverno, cosa significa?".

"Vai" gli rispose Iskandar, "e oggi fai attenzione di non essere fatto prigioniero dal sultano".

"Proprio bravo, questo saggio! Le prugne matureranno con il legno del sultano!".

"Ti ho detto ciò che sapevo" mormorò Iskandar, "il resto lo sai tu".

Un terzo uomo, per deriderlo, disse che un tizio aveva visto in sogno che stava camminando senza testa: qual era la spiegazione?

"Chi ha visto questo sogno?" gli chiese Iskandar.

"Io, l'ho visto!".

"Quest'uomo perderà suo padre".

Quest'ultimo uomo, che stava vicino a una bancarella, afferrò Iskandar, lo gettò a terra e gli ordinò di andarsene. Il ragazzo ubbidì e se ne tornò a casa piangendo: il giorno dopo non uscì e se ne stette rinchiuso, pieno di cruccio e di vergogna. Ma colui che raccoglie le notizie e trasmette i segreti, Abu Tahereh al-Tarsusi, racconta che quei tre sognatori - quello delle prugne che cadevano dall'albero in inverno, quello che passava in sogno da un giorno luminoso a una casa buia e quello che camminava in sogno senza testa - se ne andavano chiacchierando fra loro,

"Tu, che camminavi senza testa, cosa mi racconti di quel sogno: era vero o falso?".

"Ho scherzato! Mio padre sta seduto in bottega e fa affari".

E invece! All'improvviso piovono notizie: che il padre dell'ultimo sognatore è morto, che l'altro era rimasto sotto il muro ed era morto anch'egli e non basta! Un terzo sognatore, quello delle prugne, era stato preso con un'accusa, portato davanti al sultano e battuto cento volte con un legno. Questo accadde perché a tutti fosse chiaro come fosse davvero giusto ciò che dicono i saggi: che un sogno come lo metti così viene e nessuno può scherzare con un sogno: poiché la scienza dell'interpretazione è scienza di Dio, potente e misericordioso, che la concede solo ad alcuni. Come fece con Giuseppe, su di lui sia la pace, quando vide in un sogno che undici stelle e il sole e il chiaro di luna s'inchinavano davanti a lui.

"Non si deve mentire su ciò che viene rivelato in sogno, e con i sogni non si deve scherzare: così capirono e si pentirono, quelli che avevano disprezzato Iskandar".

"Ahimè, non sappiamo dove sia quel ragazzo che interpreta giustamente i sogni!"

Si misero alla sua ricerca ma non lo trovarono in nessun luogo, per quanto lo cercassero. Questa voce corse sulla bocca di tutti e arrivò anche a re Firuzshah e anche lui diede ordine di cercarlo. Tutti cercarono Iskandar ma non lo trovarono in alcun luogo. Iskandar non uscì da casa sua per un anno, dopo quanto era avvenuto. Trascorso quell'anno si alzò, uscì in strada, stese un tappeto e vi si sedette sopra: a tutti arrivò la notizia che ancora una volta era apparso il ragazzo che interpretava i sogni. La gente subito accorse a raccontare i propri: Iskandar li interpretò e la gente lo pagò, cosicché in quel solo giorno raccolse mille dirham d'argento. Tornò dalla donna che gli faceva da madre e furono felici perché ora il suo lavoro si stava facendo fruttuoso. Il giorno seguente il ragazzo uscì, si sedette nello stesso luogo e poco dopo arrivò un uomo che gli raccontò questo sogno.

"In questo sogno ho visto che mettevo la mano nel fuoco, e dal mezzo della fiamma portavo fuori del ferro incandescente e lo facevo a pezzi e poi lo mangiavo ma la mia bocca non si bruciava".

Iskandar diede questa interpretazione.

"Non devi appropriarti degli averi degli orfani, perché un grande giorno ti aspetta e la giustizia di Dio ti chiederà il conto".

"Così è" riconobbe l'uomo, "io mi sono impadronito degli averi degli orfani ma ora mi sono pentito e restituirò ogni cosa".

Dopo di lui arrivarono quei due che avevano raccontato due sogni diversi: quello il cui padre era morto e l'altro che aveva preso cento bastonate. Quello del padre morto ringraziò Iskandar per la sua interpretazione ed espresse il desiderio di dividere con lui la ricchezza ereditata.

"Perché io ho sognato che camminavo senza testa e ti ho raccontato questo sogno scherzandoci sopra, ma tu hai previsto che mio padre sarebbe morto e nel giro di un'ora è veramente accaduto".

"Il mio maestro mi ha insegnato che la testa sul corpo rappresenta una persona più anziana" gli rispose Iskandar, "e il padre è più anziano del figlio, quindi se manca la testa viene a mancare il padre. Però tu non rallegrarti per la sua morte, perché dopo di lui toccherà a te. E un'altra volta non raccontare un sogno solo per provocare!".

Poi si rivolse all'altro che era con lui.

"Tu hai detto la verità o hai mentito anche tu, raccontando di avere mangiato prugne in inverno?".

"Ho mentito, ho mentito! Ma perché la tua interpretazione del sogno è stata che avrei preso cento bastonate?".

"Semplice: tutto ciò che matura fuori tempo deve essere battuto col legno e, oltre a questo, sogni bugiardi non si devono inventare".

Poi entrambi si alzarono e se ne andarono ma tornarono dopo pochi giorni.

"Abbiamo visto altri sogni, te li possiamo raccontare?".

"Raccontateli, ma dite la verità".

Il primo raccontò di avere sognato ancora che andava in giro senza testa: Iskandar sentenziò che questa volta avrebbe davvero perso la testa. Il secondo raccontò di avere mangiato prugne e la risposta di Iskandar fu netta.

"Vai a farti levare il sangue, perché se ti arriva il vaiolo, morirai".

Quello che si era visto senza testa chiese al ragazzo se non c'era possibilità di una diversa interpretazione del sogno ma lui escluse questa possibilità. L'uomo tornò a casa afflitto: nel momento stesso in cui metteva piede in casa, arrivarono gli inviati di Firuzshah che lo presero e lo portarono via, accusandolo di avere trovato l'oro alchemico. Per quante volte egli sostenesse di non possederne, non gli servì a nulla: quelli lo torturarono e infine gli tagliarono la testa. L'altro uomo, intanto, si era ammalato di vaiolo ma poiché si era fatto togliere il sangue, seguendo il consiglio di Iskandar, poté guarire. Dopo alcuni mesi tornò dal ragazzo e gli disse che aveva fatto un sogno.

Iskandar gli rispose ridendo: "Questa volta ti dirò io cosa hai visto in sogno!".

"Io ho visto il sogno, come puoi tu descriverlo?".

"Ho studiato per questo. Attenzione, però: pongo come condizione che tu faccia quello che io vorrò".

"Così sarà, cosa devo fare?".

"Se Dio l'Altissimo farà qualcosa per te, tu mi darai la metà di quanto ne ricaverai".

"Così farò".

"Tu hai visto in sogno che mangiavi prugne".

"Hai detto giusto!".

"Allora alzati e andiamo a casa mia: la giusta interpretazione di questo sogno non può essere data in mezzo alla strada".

Giunti a casa, questo fu il vaticinio di Iskandar.

"Dio grande e potente ti darà qualcosa un giorno e lo troverai nell'acqua: di tutto ciò che prenderai, la metà sarà tua e l'altra metà sarà mia".

Giusto caso, quell'uomo era un pescatore: si alzò in fretta e tornò a casa; prese la canna e l'amo e andò dove c'era un laghetto rotondo. Giunto alla riva, attaccò un verme all'amo e lo gettò in acqua: subito arrivò un pesce e lo inghiottì ma c'era la radice di un albero e il pesce rimase bloccato in profondità. Per quanti sforzi facesse, l'uomo non aveva fortuna e non riusciva a portare fuori il pesce.

"Se libero l'amo, poi non me ne resta un altro" diceva tra sé, "ma se non lo libero non riesco a tirare fuori il pesce e tutto quello che, secondo il vaticinio, dovrebbe portare".

Così dicendo, in fretta si spogliò e si gettò in acqua per tirare fuori l'amo ma non ne fu capace. Ci riuscì solo quando tagliò la radice e stava per uscire dall'acqua quando vide un legno che vagava. Tentò di prenderlo, per portarlo via, ma il legno era bloccato.

"Che razza di lavoro ha potuto bloccare questo legno così tenacemente!"

Con molti espedienti cercò di portarlo in un angolo del laghetto, riuscì a farlo emergere dall'acqua e lo mise all'asciutto ma per quanto si sforzasse non riusciva a trasportarlo. Infine andò a casa a prendere una scure e con quella finalmente spaccò il legno e lo fece a pezzi: ne uscirono cento dinari. Guardò più attentamente: all'interno il legno era pieno di oro rosso, si trattava di una spedizione destinata a Firuzshah. Caricò tutto su un cavallo, andò a depositare il prezioso bastone in un luogo sicuro e si diresse a palazzo, per dare al re la notizia di quello che aveva trovato.

Lo stesso Firuzshah uscì con una schiera di cavalieri verso il luogo dove era riposto il bastone ma quando arrivarono, l'uomo guardò e non vide nulla. Alle domande del re non seppe cosa rispondere e per quanto giurasse di non avere mentito non gli servì a nulla e alla fine fu imprigionato. Il fatto è che il pescatore, quando aveva spaccato il bastone e aveva trovato l'oro, non aveva svelato a nessuno quel segreto, nemmeno a Iskandar. A lui aveva detto che quel giorno non aveva preso nulla.

Qualche giorno dopo, mentre Iskandar stava come al solito sulla strada e pronunciava vaticini, Firuzshah si svegliò di soprassalto, infuriato per un sogno terribile che aveva visto nella notte. Nahid accorse, lo prese tra le braccia e ordinò che portassero candele, bruciassero profumi e gli portassero della frutta, fino a che non rientrò in se stesso. Nahid gli chiese cosa fosse successo, cosa avesse visto nel sogno di così spaventoso ma Firuzshah non rispose: si tolse l'abito da notte, indossò vestiti puliti e si dedicò al servizio divino. Per tre giorni non mangiò e non bevve nulla.

Il quarto giorno riapparve, mangiò e si sedette sul trono regale; chiamò tutti i mobad, i nobili e i dignitari e i capi dell'esercito, li fece schierare davanti a sé e parlò.

"Voi sapete che ho avuto un sogno, per paura del quale da giorni il mio cuore non si tranquillizza e temo di perdere il trono e la corona, e che al posto mio sieda qualcun altro. Voi che siete i capi, interpretate il mio sogno".

Quei saggi e grandi chiesero che il re raccontasse loro il suo sogno.

"Sappiate e siate informati" raccontò Firuzshah, "che ho visto Filqus con sua figlia Nahid e un fanciullo: tutti tre sono venuti alla mia presenza e si sono seduti. Io ho chiesto loro per quale motivo fossero venuti da me e Filqus mi ha risposto che gli era venuto il desiderio di vedere me e sua figlia Nahid. Gli ho chiesto anche chi fosse quel fanciullo", continuò, "e l'ho invitato a dirgli di andarsene ma lui mi ha risposto che era inutile: aveva già provato lui ma il fanciullo non se ne andava. Diceva che non se ne sarebbe andato fino a che non avesse tagliato la testa a noi tutti. Filqus a questo punto mi fece un discorso che trovai strano" la voce di Firuzshah tremò, arrivata a questa parte del racconto, "perché mi disse che per prima avrebbe lasciato tagliare e poi rimettere al suo posto la sua stessa testa e che poi, controllato il lavoro, sarebbero passati alla mia. E così fece: si pose dinanzi al fanciullo il quale tirò fuori un coltello e gli staccò la testa dal corpo e poi la rimise nuovamente al suo posto e la riaggiustò. Si spostò e andò da Nahid, le staccò la testa e di nuovo gliela riposò sul corpo e la sistemò per bene. Infine venne verso di me e io mi misi a gridare per il terrore e mi svegliai" Lanciò uno sguardo feroce ai suoi uomini. "Interpretate per me questo sogno altrimenti vi spezzo!".

Nessuno dei convenuti fu in grado di dare una spiegazione: chinarono la testa e non diedero alcuna risposta. Quelli che il re interrogava direttamente rispondevano che non erano in grado di interpretare quel sogno e lui li fece gettare tutti in carcere.

A quel punto ci fu un mobad che gli suggerì di mandare a cercare quel ragazzo venuto da fuori che si stava dimostrando così abile a interpretare sogni. Firuzshah ordinò al mobad, che si chiamava Jamhir, di portargli quel ragazzo. L'ordine fu prontamente eseguito e poco dopo Iskandar si stava inchinando di fronte al re, il quale ordinò che gli portassero una sedia d'oro in segno di rispetto. Fattolo sedere, gli chiese come si chiamasse e da quale città provenisse ed egli rispose che gli era stato dato il nome di Iskandar e che proveniva dalla città di Iskandaryyeh. Firuzshah vide che da lui emanava la gloria divina e rimase stupito per la sua bellezza. Ordinò a Jamhir di richiamare tutti i dignitari che non erano stati in grado di interpretare il sogno affinché fossero testimoni, nel caso in cui il ragazzo avesse dato una interpretazione sbagliata del sogno.

Prima di raccontare il suo sogno, il re sollecitò chiunque dei presenti avesse fatto un sogno, di raccontarlo al ragazzo, cosicché si scaldasse e si sciogliesse la lingua.Nessuno raccontò sogni, tranne il servitore che aveva riportato il carico d'oro a Firuzshah: si fece avanti e disse che aveva visto un sogno e che, se glielo avessero ordinato, avrebbe potuto raccontarlo. Il re gli ordinò di raccontare ed egli cominciò.

"Arrivò dal cielo qualcosa che sembrava una freccia e mi colpì il femore: da solo me la strappai e dalla ferita cominciò a uscire sangue; ne uscì molto e mi sentii presto senza forze. Mentre me ne stavo lì, arrivò una voce che disse *Se non vuoi morire per questa ferita, raccogli il sangue che esce da te e riversalo nella ferita stessa, affinché ti tornino le forze."* Allora io raccolsi quel sangue e lo versai nella ferita e subito mi tornarono le forze".

"La prosperità ti abbandonerà e poi tornerà tra le tue mani, e sarai libero dalla fatica".

Questa fu l'interpretazione di Iskandar.

"Costui ha trovato un carico d'oro dentro un ceppo" commentò Firuzshah, "che si trovava in mezzo all'acqua: ora, una parte della spedizione l'abbiamo recuperata nell'acqua ma tutto il resto è stato portato via".

Iskandar capì che quella ricchezza era stata trovata dal pescatore, e che la metà che gli era stata promessa non gli era stata consegnata: informò quindi il re che c'era un pescatore in città il quale si era impadronito di quella ricchezza.

"Questo pescatore era venuto da me dopo avere fatto un sogno" spiegò, "io gli avevo predetto che entro quel giorno avrebbe trovato qualcosa nell'acqua e avrebbe dovuto darmene la metà. Quell'uomo aveva trovato giusto quell'accordo, ma dopo avere trovato l'oro non mi ha dato nulla, anzi non mi aveva nemmeno informato. Ora purtroppo io mi sento impegnato ad assicurarmi la mia parte di quell'oro".

Nel giro di un'ora, gli uomini di Firuzshah presero il pescatore e gli sequestrarono tutto l'oro. Il re fu felice per l'interpretazione data al sogno dal ragazzo, che si conquistò così la sua fiducia, mentre invece i mobad mormoravano tra loro.

"Se questo ragazzo riuscirà a interpretare il sogno del re, egli lo prenderà con sé e ci caccerà tutti".

Jamhir prese la parola.

"Servo di Dio, io ho visto un sogno strano, posso raccontarlo?".

Il re gli ordinò di parlare.

"Questo ho visto, che la pioggia aveva cominciato a entrarmi in casa da una fessura".

"Hai trovato qualcosa e hai giurato il falso, ora la maledizione è entrata nella tua casa, interpretò Iskandar".

"Il ragazzo ha detto il giusto, Jamhir: tu hai trovato il mio anello e hai giurato il falso. Alzati, dunque, e riportamelo, ordinò il re al mobad. Jamhir andò e riportò l'anello e quando ritornò, Firuzshah ordinò che fosse decapitato".

I saggi mormorarono tra loro che in tutta la loro esistenza, non avevano visto nessun'altra condanna così giusta.

Firuzshah, intanto, era felice: andò dinanzi a Iskandar e gli annunciò che ora gli avrebbe raccontato il suo sogno ma prima di raccontare quello che gli stava a cuore, ne avrebbe raccontato un altro che aveva fatto la notte prima.

"Ho visto un topo che usciva da un pertugio, portando un uovo di gallina: l'ha lasciato davanti a me e se n'è andato; ne ha portato un altro e se n'è andato di nuovo; ne ha portato un altro ancora poi se n'è andato e non è più tornato. Io ho allungato una mano, ho preso un uovo ed era buono, poi ne ho preso un altro ed era vuoto, infine ho preso il terzo ed era rotto e da esso usciva acqua. Interpreta ora questo sogno!".

"Servo di Dio" gli rispose Iskandar, "io ho interpretato già due sogni, ordina che questo sia interpretato dai tuoi saggi consiglieri".

Firuzshah concordò e si rivolse ai suoi saggi ma quelli rifiutarono di dare una interpretazione: il re minacciò di tagliare loro la testa se non l'avessero fatto.

Allora parlò per tutti Shamakun.

"Io parlerò, o re, e ti dirò che tu avrai un figlio da tre donne: uno da una vergine, uno da una divorziata e uno da una schiava. Quello che nascerà dalla vergine diventerà re, quello che avrai dalla figlia di Filqus vivrà pochi anni e poi morirà, e infine quello che avrai da una schiava nascerà morto".

Il sovrano chiese il parere di Iskandar su questa interpretazione.

"No, il significato è molto più semplice: verrà da te un nobile e ti venderà alcune schiave di cui una vergine, una divorziata e la terza incinta".

"Hai detto giusto!" esultò Firuzshah, "giusto ieri ho comprato tre schiave in base a un accordo che fossero vergini e tuttavia, come tu hai giustamente detto, oggi so che devo ridare indietro la vendita e non comprare".

I saggi e tutti i cortigiani erano stupefatti. Il re congedò Iskandar, dicendogli che l'indomani avrebbe interpretato l'altro suo sogno ma per ora doveva riposarsi. Il ragazzo tornò a casa con abiti, un cavallo e buoni prodotti e raccontò la sua giornata a quella che chiamava madre. Firuzshah, da parte sua, si ritirò in camera da letto e raccontò a Nahid del ragazzino che sapeva interpretare i sogni e che aveva un viso stupendo, con un neo scuro della forma di un'unghia. Ascoltando quella descrizione, Nahid pensò al figlio che aveva abbandonato davanti al convento di Aristotele: che fosse proprio lui il ragazzo che Firuzshah aveva consultato e onorato? Con quel pensiero, quella notte non dormì.

Quando arrivò il giorno, Firuzshah si alzò e andò al trono, sedette tra quattro cuscini, mandò a dire a tutti i nobili di presentarsi e ordinò che portassero Iskandar con mille onori, perché si potesse finalmente avere l'interpretazione del suo terribile sogno. Ma il narratore di notizie e svelatore di segreti, Abu Tahereh al-Tarsusi, racconta che Nahid chiese alla nutrice se pensava che il ragazzo che interpretava i sogni potesse essere suo figlio, e quella le rispose che non poteva rispondere senza vederlo. Nahid ebbe un'idea: "Questo dobbiamo fare noi due: andare a sederci vicino a dove porteranno questo ragazzo, così da poterlo vedere senza che nessuno veda noi, fino a che capiamo se si tratta o no di lui".

Nel palazzo c'era una finestra dove uno poteva stare senza essere visto e lì si sistemarono Nahid e la nutrice. Nel giro di un'ora condussero il ragazzo, abbigliato con vestiti principeschi e circondato da servi che gridavano: "Fate largo a Iskandar il saggio, dategli strada!".

Appena lo sguardo di Nahid cadde su di lui, dalle sue mammelle uscì latte, e acqua si riversò dai suoi occhi. La nutrice, vedendo ciò, chiese il perché di quel pianto.

"Oh, nutrice! So che questo è mio figlio, perché quando l'ho visto è uscito latte dal mio seno".

Questo disse, e pianse ancora, e con lei la nutrice, dicendo: "È giusto ciò che dici, ha anche il neo sul viso".

"E ora cosa facciamo?" si lamentò Nahid. "Il mio cuore è in fiamme e mi si spezza la testa! Come mi devo comportare?".

La nutrice le consigliò di aspettare fino a che non fosse stato interpretato il sogno di Firuzshah, dopo di che lei stessa sarebbe andata dal ragazzo e l'avrebbe interrogato e poi qualche cosa avrebbero fatto. Intanto Iskandar era giunto alla presenza di Firuzshah: ai sapienti di corte bruciavano gli occhi al pensiero che un ragazzino avesse la meglio su di loro e si diedero a confabulare tra loro: "Cosa possiamo fare perché costui appaia un bugiardo e perda il rispetto del re?".

"Non facciamo e non diciamo nulla" suggerì Shamakun, "dopo che avrà interpretato il sogno sarà il re stesso che vorrà tagliarlo in due".

Il re intanto arrivo di fronte alla sua corte e invitò i presenti a porre qualche domanda a Iskandar, prima che si passasse al racconto del sogno. Uno si alzò e chiese di parlare: "In tutto il mondo, cosa c'è di più piacevole da mangiare senza muovere la bocca e i denti, e quando mangi le sette parti del corpo lo vengono a sapere, tutte tranne la bocca perché il suo piacere viene dopo? Nessuno ha saputo mai rispondere a questa domanda".

"Dal mio maestro Aristotele" rispose il ragazzo, "ho saputo che nulla è più amaro della rabbia e della collera che si impadroniscono di un uomo forte, e che chiunque riesca a domare la propria rabbia ne ricava il piacere che nessuno pianga per causa sua, o abbia dispiacere per il suo agire. E quando si mangia non c'è bisogno di muovere i denti".

L'uomo ammirò la risposta di Alessandro e propose un altro quesito: "Cosa c'è al mondo di meglio che vestirsi?".

"Non c'è niente di meglio che coprire le vergogne degli uomini, affinché ugualmente essi coprano le tue. Non solo: tutto ciò che indossi non ha valore, perché tutti noi siamo nati nudi da una madre e nuovamente torneremo nudi alla terra. Per questo, dunque, coprire le vergogne è la cosa migliore".

I notabili riconobbero che aveva parlato bene e Firuzshah invitò Iskandar a porre lui, qualche domanda ai saggi di corte.

"Bisogna avere rispetto nei loro riguardi: se io pongo loro un quesito cui non sanno rispondere, andranno giustamente in collera, perché non è bene mettere a nudo le vergogne degli uomini. Piuttosto racconta tu, o re, il sogno che hai visto".

"Nel sogno ho visto questo" cominciò a raccontare il re, "che Filqus mio suocero e Nahid sua figlia venivano insieme a un'altra persona e io chiedevo loro chi fosse e perché non le chiedevano di andarsene. A questa mia domanda Filqus rispondeva che quella persona affermava di essere venuta per portare via la testa di noi tre. Io allora rispondevo a Filqus che sarebbe stato tutto da verificare, se io avrei permesso a qualcuno di portare via le nostre teste. Al che Filqus affermò che se quello avesse portato via le nostre teste, poi le avrebbe rimesse al suo posto. Quindi si parò di fronte a quella persona che subito gli staccò la testa dal collo e poi gliela rimise e ritornò perfetta. Dopo si avvicinò a me, per tagliare la mia testa, ma in quel momento mi svegliai di soprassalto e mi alzai". S'interruppe per tirare il fiato. "Ora, dimmi tu qual è la spiegazione di questo mio sogno".

"La spiegazione è semplice" esclamò Iskandar, "ma non la dirò se prima non avrai giurato di assicurarmi protezione per tutta la vita".

Firuzshah giurò ma il ragazzo aveva altre richieste: "Voglio una tua lettera ufficiale, e una testimonianza dei nobili del regno".

E solo quando fu accontentato, si decise a parlare: "Sappi e sii informato, che la persona che ha staccato le teste prenderà il posto di Filqus e tu fuggirai dalla sua presenza, ma ugualmente ti prenderà e ti ucciderà. La spiegazione del sogno, questa è".

"Così è, ma non dovevi parlare in questo modo alla presenza del re: quando ci si trova in presenza di un sogno così, gli si deve dare una interpretazione favorevole!".

Così mormorava la corte, e naturalmente il re era d'accordo con loro.

"Voi l'avete detto: si sarebbe dovuto parlare meglio, ora riguardo a lui che faccio?".

"Servo di Dio", risposero all'unisono i cortigiani, "se vuoi che questo sogno sia distolto da te, ordina che sia tagliata la testa a Iskandar, di modo che il suo vaticinio si rivolga contro di lui e su di lui e si avveri l'interpretazione del sogno".

"Ma io ho giurato che non avrei tratto la spada contro di lui e che nemmeno altri, nella mia corte e nel mio regno, l'avrebbero fatto: non voglio commettere ingiustizia nei suoi confronti e tutti i miei sono testimoni di questo contratto. Ora, se lo uccido, non bisogna che la maledizione del giuramento tradito cada su di me, e che questo sogno si avveri".

I saggi avevano una risposta: "Se non lo vuoi uccidere, ordina almeno che sia bastonato, affinché sia di ammaestramento ad altri".

Il re ordinò allora che portassero Iskandar alla gogna e mentre lo trascinavano, lui gridò: "Non trattarmi ingiustamente, o re, per non dovertene pentire".

Queste parole fecero infuriare Firuzshah: "Così ordino e così sarà, io non ho nulla a che fare con te".

E ordinò di darsi da fare a picchiarlo. Nahid, che guardava non vista, scoppiò in pianto, e anche la balia pianse. Quando il carnefice cominciò a frustarlo, il ragazzo gridò e il sangue cominciò a uscirgli a fiotti. Nahid urlò tanto che il rumore arrivò alle orecchie di Firuzshah e il re ordinò di cercare chi stesse urlando. Un servo gli disse che si trattava di Nahid e il re ordinò di fermare il carnefice. Il cuore delle donne è sensibile: non sapevo che fosse qui, altrimenti non avrei dato ordine di procedere. Il carnefice smise di colpire Iskandar, lo tolsero dalla gogna e lo spedirono in prigione: qui gli incatenarono i piedi e lo affidarono al guardiano del carcere, raccomandandogli di sorvegliarlo con cura. Nel frattempo, Firuzshah inviò una missiva a Filqus, con la quale lo informava che si era presentato a corte un ragazzo e si raccontava di come aveva parlato e del fatto che era stato incarcerato, e infine si chiedevano ordini da lui su questo.

Quando il messaggio arrivò a Filqus, egli capì che si trattava di quell'allievo di Aristotele che era fuggito dalla sua reggia dopo essere stato scoperto a letto con sua figlia Mehrnush, e che il suo nome era Iskandar. Scrisse quindi una risposta, ordinando di mandargli immediatamente quel ragazzo, perché lo stava cercando ovunque. Sigillò la lettera e la inviò a Filqus.

Il narratore di notizie e svelatore di segreti, Abu Tahereh al-Tarsusi, racconta che Nahid era svenuta, pensando al dolore che doveva avere provato Iskandar mentre lo frustavano. Ora, nei giorni di prigionia del ragazzo, la donna che gli faceva da madre si presentava ogni giorno a palazzo, piangendo e gridando che le restituissero suo figlio.

Nahid mandò la balia perché la portasse da lei: voleva capire se Iskandar era davvero suo figlio oppure no. Alle domande di Nahid, la donna dapprima tergiversò, infine si decise a raccontare com'erano andate le cose.

"Allora... Io l'ho trovato in una tenda che stava proprio alle porte del convento di quell'eremita, il pio Aristotele".

Non tacque nulla: la storia della capra che spariva e del leone che montava la guardia alla tenda, e dell'anello e della lettera e della bandoliera. Tutto raccontò e Nahid ascoltava e a ogni parola la storia diventava chiara e quando tutto fu certo, cominciò a piangere e non riusciva a smettere.

"E adesso? A chi racconterò che questo ragazzo è mio figlio? E quando ne parlerò, chi mi crederà? Se lo confesso al re, lui può pensare che io voglia proteggere un mio amante. Fortunatamente è ancora viva mia madre, perché a questi problemi solo le madri sanno trovare una soluzione".

Questo diceva tra sé, mentre versava mille gocce di pianto. La povera donna che stava raccontando s'interruppe e le chiese il perché di quel pianto.

"Madre", le rispose Nahid, "il fanciullo che tu hai raccolto è mio figlio: la lettera, la bandoliera e l'anello sono tutte cose che gli avevo lasciato".

"Filqus, tuo padre, l'ha sorpreso insieme all'altra sua figlia, Mehrnush e per questo siamo scappati da Iskandaryyeh".

"Che rimedio possiamo trovare, ora, per questa situazione? Devo scrivere a mio padre?".

"Filqus è un uomo severo" osservò la balia, "può darsi che una parola così gli faccia perdere la fiducia in te, pensando che come figlia non sei stata leale".

"Allora, che possiamo fare?".

"La prima cosa è far liberare il ragazzo, poi escogiteremo uno stratagemma per fare conoscere il tuo segreto. Adesso, chiama i guardiani e dona loro qualche cosa perché ti portino il ragazzo, poi nascondilo".

"I guardiani non vorranno fare ciò per paura del re", obiettò Nahid. "Domandate invece a qualcuno se, in cambio dell'oro che io gli darò, lo farebbe uscire dalla prigione e lo porterebbe qui, senza che nessuno ne avesse notizia".

"Questa è una buona idea", disse la balia.

Nahid aveva due servi abissini e a loro ordinò che prendessero qualcuno e lo mandassero a tirare fuori Iskandar dalla prigione, senza farsi sentire, e poi da lì in un luogo sicuro. Poi si fece dare un chador e degli stivali, e li mandò perché ne rivestissero Iskandar.

E infine suo figlio fu davanti a lei. Nahid quando lo vide, con quel suo viso che pareva una luna e quel neo sulla guancia, gettò un urlo, lo baciò e pianse a dirotto maledicendo Darab, che l'aveva rimandata da suo, permettendo così che suo figlio fosse disprezzato dal mondo. Il ragazzo, invece, non pianse di fronte a Nahid, anche perché si stava chiedendo chi fosse quella donna e perché si comportasse in tal modo. E glielo chiese.

"Chi sei tu che mi dici queste parole?".

"Vita mia", rispose Nahid, "sono tua madre e tu sei mio figlio, nato da Darab figlio di Bahman Ardashir, che ha giaciuto con me una sola notte. Tu sei stato trovato dalla donna che ora chiami madre, perché io non osavo parlare con nessuno: ti ho portato e ti ho lasciato in una tenda alle porte del convento di Aristotele, e questa donna ti ha preso e ti ha allevato fino ad ora".

Iskandar ascoltò queste parole e rispose con voce ferma: "Madre, perché ti sei comportata così con me? Quando Dio l'altissimo ti ebbe dato un figlio, tu avresti dovuto dire: *Questo è mio figlio, nato da Darab figlio di Bahman Ardashir*. Questo avresti dovuto dire perché tutti lo sapessero e se tu l'avessi fatto, io oggi non mi troverei in questa situazione. Ora ogni cosa che dici non ha fondamento, e porterà su di te accuse e sospetti".

"È tutto passato", gli rispose sua madre, "come ti ho liberato dalla prigione così troverò una soluzione per ogni cosa".

Nahid nascose nel palazzo il figlio e la donna

che lo aveva allevato ma nel frattempo arrivò a Firuzshah la notizia che Iskandar era stato sottratto dalla prigione, ed egli fece tagliare la testa ai guardiani. Anche perché poco prima aveva ricevuto la lettera di Filqus che gli ordinava di mandargli al più presto il ragazzo, che stavano cercando ovunque. Firuzshah era decisamente infuriato e abbattuto al tempo stesso, per tutto ciò: spedì un araldo in giro per la città ad annunciare che chiunque gli avesse riportato Iskandar sarebbe stato fatto ricco oltre ogni dire. La notizia si diffuse.

Un giorno Firuzshah si recò nei quartieri di Nahid. Lei aveva messo Iskandar davanti a sé, gli aveva cinto la testa a mo' di turbante con una stoffa intessuta d'oro e d'argento e gli aveva fatto indossare una tunica: il ragazzo aveva quattordici anni e il suo volto era luminoso di bellezza. Un servo annunciò l'arrivo del re. Nahid si alzò di scatto per nascondere Iskandar ma già Firuzshah era entrato nella sala. Nahid si spogliò e disse al re di non entrare perché era nuda. Egli si fermò sulla porta e lei riuscì a rivestirsi e a nascondere suo figlio in una cassa, poi gridò al re di entrare.

Firuzshah entrò, Nahid gli andò incontro: tremava e il colore se n'era andato dal suo viso.

"Perché tremi così?" chiese lui.

"Ero nuda quando sei arrivato, e ho avuto paura".

"Ma io non sono un estraneo!".

"Vero! Ma se uno sconosciuto avesse avuto l'ardire di aggirarsi intorno alla mia residenza?".

"Ascolta, Nahid: sai che hanno fatto uscire Iskandar dalla prigione e proprio ora tuo padre ha scritto ordinandoci di mandarglielo? Non so cosa fare".

"Chi è questo Iskandar, che tutti lo cercate con tale accanimento?".

"È un ragazzo con un bel viso e un neo nero su una guancia, grande come un'unghia. Io l'ho imprigionato perché ha interpretato un mio sogno come non doveva".

"Marito mio, tutti dobbiamo morire e tutti ce ne dobbiamo andare; qualcun altro siederà al nostro posto: questo palazzo ne ha visti tanti come noi e tanti altri ne vedrà".

"Così è", ammise il re, "ma se mentre sei vivo qualcuno ti preannuncia la morte, questo non ti può fare piacere".

Stavano così parlando fra di loro quando Iskandar starnutì tre volte. Firuzshah si alzò e andò verso la cassa da cui era uscito il rumore: alzò il coperchio, vide Iskandar, lo prese per una mano, lo tirò fuori e lo gettò ai piedi di Nahid.

Furioso, sguainò la spada e si precipitò contro la moglie, come se volesse tagliarle la testa: con una mano la afferrò per i capelli, la trascinò in mezzo alla sala e con l'altra levò la spada per decapitarla.

Nahid lanciò un grido: "Uomo senza valore, perché mi fai questo? Il ragazzo è mio figlio!".

"Svergognata! Ai quattro angoli della terra ho mandato gente a cercarlo e tu lo nascondevi e te ne stavi qui con lui! Quando sono arrivato, stavi giacendo con lui e a me hai detto "Non entrare fino a che non sarò vestita' e intanto lo nascondevi nella cassa. E ora mi dici che è tuo figlio? Se fosse vero, Darab figlio di Ardashir non ti avrebbe rimandato da tuo padre!"

Questo disse e sguainò la spada per ucciderla.

"Non uccidermi", lo pregò Nahid, "prima ascoltami e poi deciderai".

"Parla!".

"Questo è veramente mio figlio", cominciò a raccontare Nahid, "nato da Dara, figlio di Ardashir. Se hai visto Darab, guarda questo ragazzo e riconosci se in lui è rimasto qualcosa di suo padre o no. Subito dopo avere partorito, io ho nascosto questo ragazzo vicino al convento di Aristotele e qualcun altro lo ha preso e lo ha allevato.. Solo ora mi è ritornato vicino ed è mio figlio, ma tu mi hai coperta di vergogna e ciò che volevi fare tu a me, lo farà mio padre a te".

"Perché hai tenuto tutto segreto fino a questo momento?".

"Non c'era mia madre, a lei sola avrei avuto il coraggio di dirlo".

Il re all'improvviso sembrò impazzito: abbassò la spada e colpì Nahid, e poi si rivolse verso Iskandar che si diede alla fuga. Firuzshah lo inseguì per colpirlo ma un colpo di vento gli arrivò tra le spalle e lo fece cadere in avanti, e là rimase. Rinunciò a inseguire Iskandar e gridò ai suoi di catturarlo e così fecero: gli legarono le mani e lo gettarono ai piedi di Nahid.

Firuzshah si sedette in trono e diede la sua spada a un servo perché uccidesse Iskandar: l'uomo alzò la mano affinché la spada scendesse a colpire ma la lama si ritirò dal collo di Iskandar e l'opera non fu compiuta. Il re ordinò che Iskandar fosse portato in una prigione e Nahid in una diversa, e diede anche disposizioni affinché, in caso di sua morte, la portassero in una dokhmè di modo che nessuno ne sapesse nulla. Le schiave accompagnarono quindi Nahid in prigione, dove fasciarono tutte le sue ferite; la balia si sedette al suo capezzale e pianse. Quando rinvenne, Nahid chiese dove fosse suo figlio.

"In prigione".

"E come l'hanno trattato?".

"Varie volte hanno calato la spada su di lui ma senza risultato".

Nahid si rivolse ai servi presenti: "Se mi portate via di qui e mi conducete da mio padre, lui ve ne sarà grato e vi ricompenserà per avermi salvato la vita".

Quelli proposero uno stratagemma: "Tu ti dovrai fingere morta, di modo che noi ti possiamo deporre in una cassa e trasportare alla dokhmè, dove potremo inventare una scusa per andarcene e lasciarti incustodita".

Nahid ordinò che portassero una cassa in cui si fece distendere e quando fu mezzanotte, ordinò che i presenti iniziassero a piangere e lamentarsi. Le schiave si strapparono le vesti e i capelli e portarono a Firuzshah la notizia che Nahid era morta. Lui si pentì di ciò che aveva fatto, si recò al sarcofago di Nahid e pianse a dirotto. Dopo di ciò Nahid fu portata alla dokhmè e lì con lei rimasero in cinque, tra servi e schiave. Mentre avveniva ciò, Firuzshah ordinò che qualcuno portasse Iskandar in riva al mare, gli legasse ai piedi una grossa pietra e lo gettasse in acqua per farlo mangiare dai pesci. E che di ciò non giungesse notizia ad alcuno.

Il giorno seguente, dunque, un servo prese il

ragazzo per portarlo al mare ma mentre usciva da palazzo fu informato dello stratagemma di Nahid: portò quindi Iskandar alla dokhmè.

"Ho portato Iskandar, perché ho saputo che Nahid è viva".

Tutti furono felici, tirarono fuori Nahid dal sarcofago e le mostrarono suo figlio: pazza di gioia, lei ringraziò l'Altissimo e poi sollecitò la partenza, prima che la notizia arrivasse al re. I servi procurarono cavalli e cibo, madre e figlio si sistemarono in una lettiga e presero con sé cinque servi, dieci schiave, la nutrice di Nahid e la donna che aveva cresciuto Iskandar. Partirono in direzione di Rūm e viaggiarono fino a che arrivarono dove si trovava Filqus, che il quel momento stava cacciando. Loro andarono a palazzo: Nahid fece camminare Iskandar davanti a sé e tutti lo riconoscevano e commentavano dentro di sé: "Questo è quell'allievo di Aristotele il saggio, che Filqus cercava".

Nessuno osava dire una parola, tuttavia qualcuno pensò di mandare un messo a Filqus per informarlo che Nahid aveva condotto con sé proprio colui che egli stava cercando, e l'aveva fatto sedere sul trono al suo fianco. Quando il messo diede la notizia a Filqus, questi fu assalito dall'angoscia.

"Non è possibile che sia Nahid!".

"Signore", disse il servo, "dalla reggia dicono che sarebbe bene che tu venissi di persona a vedere come stanno le cose".

Filqus lasciò la postazione di caccia, si diresse in città e giunse al suo palazzo: quando Nahid lo seppe, prese Iskandar per mano e andò davanti a suo padre, piangendo e gridando che era scappata da Firuzshah. Come avrebbe fatto ogni onest'uomo, Filqus pensò che suo genero avesse scoperto la moglie in compagnia del ragazzo e, capita la situazione, l'avesse mandata a lui per un giudizio. Andò a sedersi in trono e aveva intorno a sé tre figli e quattro figlie: Nahid teneva per mano Iskandar e, ferma davanti al padre, chiedeva giustizia a gran voce.

"Che novità è questa?" chiese lui. "Ti sembra il modo di presentarti? E questo ragazzo, chi è? Io l'ho cercato ovunque e adesso cosa ci fa insieme a te e cosa c'è tra di voi?".

Padre, questo ragazzo è figlio mio e di Darab: quando lui mi ha rimandata da te, portavo già questo peso ma per vergogna non ho osato parlartene. Però ne ho parlato con mia madre e lei mi ha ordinato di non farti sapere nulla. Quando questo figlio venne alla luce, l'ho lasciato in una tenda vicino al convento del saggio Aristotele.

Qui l'ha trovato una donna, questa che mi accompagna, e lo ha allevato vendendo latte di capra, fino a che io l'ho rivisto in presenza di Firuzshah.L'ho riconosciuto dal segno che ha sul volto e l'ho nascosto nelle mie stanze, in una cassa, ma Firuzshah l'ha scoperto.

Tutto questo raccontò Nahid, dall'inizio alla fine, e chiese vendetta nei confronti del marito, per come l'aveva trattata.

Quando il nonno vide il nipote, il suo cuore si riempì di amore e clemenza.

"Figlia", esclamò, "perché non mi hai parlato subito e hai sopportato questa afflizione da sola, per quattordici anni?".

Padre mio, devo essere sincera: fino a che non ho visto questo figlio non ho pensato a lui, ma quando l'ho avuto davanti mi si è sciolto il latte in petto.

"So che questo ragazzo è stato allevato da Aristotele e che è istruito nelle scienze. Che nome gli è stato dato?".

"Iskandar".

Filqus si rivolse al ragazzo, lo prese per mano e lo avvicinò a sé, lo baciò sulle guance: "Figlio", disse, "non ti avevo visto ma ora che ti vedo il mio sangue bolle".

"Da questo volto", rispose Iskandar, "è nato

l'amore di mia madre e della sorella di lei: lei venne da me e mi abbracciò, poi una sera giungesti tu e io scappai e da allora non so che fine ha fatto Mehrnush".

"Ho ucciso quella mia pazza figlia e poi ti ho cercato ma tu eri fuggito. Ora una figlia è persa e l'altra è svergognata. Se ci fosse Aristotele! Potrebbe parlare agli uomini e informare l'esercito".

Qualcuno informò Filqus che Aristotele era tornato dalla Grecia e si trovava nel suo convento e lui, felice, mandò subito a prenderlo e gli raccontò tutto. In questo modo Filqus capì di avere trovato un figlio e il giorno seguente ordinò che fosse preparato il trono regale. Quindi vi fece sedere Iskandar e diramò questo proclama.

"Uomini liberi, chiunque mi ama ascolti le parole di Iskandar ubbidisca ai suoi ordini. Se avete domande, fatele ad Aristotele".

Lasciò la parola al saggio che spiegò alla corte e all'esercito tutto quello che era successo, poi riprese la parola Filqus: "Uomini, ora sapete che questo ragazzo è figlio di mia figlia, è mio figlio quindi, e di lui ho fatto il mio erede, perché è figlio di re. Dopo la mia morte, lui sarà fatto re".

Tutti acclamarono re Iskandar e lui s'insediò e poi chiese a Filqus di dargli dei soldati, per andare a prendere la sua vendetta su Firuzshah.

"È giusto", riconobbe Filqus e ordinò che aprissero la porta del tesoro poi pagò l'esercito e passò in rassegna i soldati: duecentomila uomini, armati di tutto punto.

Il fabbricatore di racconti e svelatore di segreti, Abu Tahereh al-Tarsusi, racconta che Filqus aveva tre figli maschi: uno era nato da una schiava e gli altri due da una nobildonna. Quando videro il loro padre intestare il trono a Iskandar, si consultarono tra loro sul da farsi.

Uno annunciò: "Questa notte andrò a uccidere mio padre".

Un altro invece avrebbe ucciso Nahid. Il terzo si sarebbe impegnato a eliminare Iskandar. Definiti i loro progetti, tutti e tre legarono il loro cuore a quegli obiettivi.

Quando venne la sera il primo, impugnando un coltello veloce come una goccia d'acqua, si avvicinò al cuscino di Filqus il quale, in quello stesso momento, stava vedendo in sogno un elefante infuriato che gli si avvicinava soffiando fuoco dalla proboscide: l'elefante si scagliò contro di lui e lui tentò di scappare ma non ne fu capace, e l'elefante prese il suo territorio. Terrorizzato da questo sogno, Filqus si svegliò e fece rumore.

Suo figlio lo colpì al petto con il coltello e lo

trapassò. Filqus cadde e rese l'anima e nessuno si rese conto di nulla. Gli altri due fratelli si mossero per uccidere Iskandar e Nahid.

Iskandar e la madre stavano dormendo non lontano da Filqus e Iskandar vide in sogno lo stesso elefante, che arrivava e lo attaccava: si svegliò dal sogno e svegliò la madre.

"Alzati e nasconditi in fretta! Ho appena visto in sogno che hanno ucciso Filqus".

Insieme uscirono per andare a nascondersi. Un tizio si parò davanti a loro, in mezzo alla strada, gridando: "Chi siete?".

"Sono Nahid, figlia di Filqus!" rispose la donna.

Un uomo si avvicinò e la colpì con la spada in mezzo alla testa.

"Mi uccidono!" gridò lei e cadde a terra.

Iskandar scappò, arrivò alle cucine e si nascose dentro a un forno. I tre fratelli lo cercarono ovunque, senza trovarlo. Quando il giorno finì, presero i corpi del padre e di Nahid e li posarono sui cuscini del trono, quindi chiamarono a raccolta l'esercito.

"Abbiamo giustiziato Filqus e Nahid e uccideremo chiunque non si schieri al nostro fianco, perché Filqus non si è comportato bene quando ha dato a un altro il regno.. Ora vogliamo anche Iskandar, per distruggerlo!".

Alcuni soldati furono felici di queste parole, altri no. I mobad e i nobili fecero questa dichiarazione.

"Noi vi accettiamo come regnanti se ci date benefici e proprietà".

Subito i tre fratelli diedero ordine di aprire le porte del tesoro e riempirono di ricchezze l'esercito e tutta la corte. L'esercito li acclamò sovrani.

Iskandar, intanto, era ancora dentro a quel forno: quando venne notte ne uscì e girando per la cucina mangiò tutto quello che trovava e poi si nascose di nuovo. Dopo che i tre fratelli si furono insediati sul trono la brama di potere si impadronì delle loro menti e divennero nemici l'uno con l'altro. I due fratelli che erano figli della stessa madre elaborarono un piano comune.

"Andiamo e uccidiamo il figlio della schiava, di modo che il trono sia solo per noi".

In fretta si mossero, schierarono cinquanta uomini armati e andarono per uccidere il fratello più vecchio, figlio della schiava. Anche lui, nel frattempo, era stato assalito dal desiderio di avere il regno per sé solo e di uccidere i suoi fratelli, e quindi anche lui aveva schierato cinquanta soldati armati e si muoveva nella direzione opposta, cosicché s'incontrarono per strada.

I due lo interpellarono per primi: "Dove stai andando, fratello? Noi veniamo da te per sedere un poco insieme".

Si sedettero ma subito uno dei due si alzò, si portò alle spalle del fratello maggiore, lo trafisse al torace e lo uccise. Portarono il suo cadavere a palazzo. Il giorno seguente i due fratelli si assisero in trono: spiegarono la situazione, aprirono le porte del tesoro e quel giorno distribuirono molte ricchezze, cosicché il cuore dei soldati fu felice e i due fratelli si garantirono la loro protezione.

"Il nostro fratello maggiore era figlio di una schiava, per questo motivo l'abbiamo ucciso: noi siamo più adatti a regnare".

Quando finì il giorno e venne la notte, ognuno dei due fratelli si sentì superiore all'altro: subito il più giovane si alzò, uscì con i suoi uomini e si diresse verso la casa del fratello più vecchio. Il quale, nel frattempo, aveva schierato i suoi uomini armati. Portarono del vino. Prima che il fratello più vecchio facesse alcunché, il più giovane fece un segnale ai suoi uomini e quelli afferrarono il fratello più vecchio e lo uccisero sul posto. Rapido, il fratello più giovane si sedette in trono, mostrò il cadavere del fratello e fece regali all'esercito, volgendo a sé il cuore dei soldati.

Trascorsi quattro giorni da questi fatti, Iskandar era sempre rimasto dentro quel forno: il quinto giorno il nuovo re chiamò l'esercito e ammonì tutti che chiunque si fosse opposto a lui, l'avrebbe spezzato in due. Tutti gli assicurarono la loro fedeltà e lo acclamarono re. Ma il fabbricatore di racconti, colui che svela i segreti, Abu Tahereh al-Tarsusi racconta che uno dei ministri di Filqus aveva una figlia che Filqus aveva desiderato di nascosto: da lei era venuto un figlio, la madre era morta e il figlio era piccolo. Il padre di lei, il ministro, pensò al rischio che il nuovo re volesse uccidere il bambino e subito si alzò e andò a invitarlo a casa sua per un ricevimento. Il figlio di Filqus acconsentì e il giorno dopo si recò alla casa del ministro: non fece in tempo ad arrivare che fu fatto a pezzi. Quindi fecero sedere in trono il bambino, il nipote del ministro il quale prima diede la notizia all'esercito e poi aprì le porte del tesoro e distribuì ricchezze e il re bambino fu felice.

Tornando a Iskandar: sette giorni rimase dentro al forno e nessuno lo vide, fino a che una sera qualcuno entrò in quella cucina, pianse tra sé per qualche tempo e poi se ne andò. Il giorno dopo Iskandar era nel forno quando la stessa persona tornò con altre tre: una era la nutrice di

Nahid, le altre due erano nobili fanciulle. Tutte tre piangevano a dirotto.

"Chissà se ci sarà un futuro o se la stirpe di Filqus è stata distrutta!", si lamentò la nutrice. "Degli uomini nessuno è rimasto e il ministro ha fatto re suo nipote, un bambino! Se sapessimo dov'è Iskandar, figlio di Nahid, potremmo chiedere a lui di togliere dal trono il nipote del ministro".

"Io sono Iskandar!".

Quando quelle sentirono la voce conosciuta si meravigliarono, guardarono a destra e a sinistra, fino a che il ragazzo uscì dal forno e chiese loro perché stessero piangendo. La nutrice, quando lo vide, stava per scoppiare a ridere dalla gioia ma lui la fermò.

"Attenzione! Silenzio! Portatemi via di qui, presto, e nascondetemi!".

A mezzanotte arrivò la voce che il nipote del ministro era caduto dal tetto e si era rotto il collo. Prima che la notizia divenisse manifesta, il ministro portò il cadavere del nipote di sette anni in una casa e gli mise una corta al collo, lo calò in un pozzo poi lo tirò su, lo depose in una bara e lo mandò alla dokhmè. Quindi prese il suo proprio figlio, lo mise sul trono e distribuì denaro e ricchezze all'esercito, in modo da assicurargli il regno. Chiunque fosse nemico, piccolo o grande, lo uccideva. Alla fine di tutto erano rimaste due figlie di Filqus: Azadsarv era la più grande e Tagmehr la più piccola. Azadsarv, Nahid e Mehrnush erano figlie della stessa madre, mentre Tagmehr era figlia di una schiava.

Quando il figlio del ministro divenne re, lo chiamarono re di Rum: secondo questo racconto, trascorsi tre mesi il re di Rum pensò di sposare una figlia di Filqus, per rafforzare la sua sovranità. Ne parlò al padre che approvò e gli chiese quale volesse.

"Voglio Azadsarv".

Il padre, che prima di essere padre del re era stato ministro, chiamò i nobili del regno e chiese il loro parere sul matrimonio. Quelli concordarono. Poi convocò quella delle sue mogli che era la madre del re e si chiamava Maleksun: le ordinò di presentarsi al palazzo che era stato di Filqus, con le sue sorelle, e di chiedere in moglie Azadsarv per suo figlio, il nuovo re. Quando la madre del re arrivò al palazzo, Azadsarv sedeva con la nutrice e le sorelle: Maleksun e le altre entrarono, resero omaggio e si fermarono in piedi.

"Cosa c'è?", chiese Azadsarv. Maleksun s'inchinò.

"Principessa, oggi la casa di Filqus è sconvolta,

voi non avete un pretendente e siete rintanata in un angolo, mentre mio figlio oggi è re e io ora voglio che il regno rimanga in questa famiglia. Suo padre mi ha inviato a rendere omaggio e a dire che lui è come un padre per voi: se vi sembra ragionevole, mio figlio è disposto a impegnarsi e sarà il vostro servo, e la regina sarà la sua regina. Se acconsentirai, il regno rimarrà in questa famiglia e non cadrà nelle mani di uno straniero".

Quando Azadsarv udì queste parole pianse.

"Cosa potrebbe essere peggio di questo, che la nipote di Fereydun debba essere comprata per un dirham da un servo? Ma poiché la sorte è girata, molte ancora se ne dovranno vedere!".

Anche la nutrice di Nahid piangeva e la madre del nuovo re le minacciò.

"Principessa, questo tuo comportamento non ti aiuta: se non ubbidirai all'ordine sarai uccisa".

Lo so, Maleksun, ma ci penserò e troverò una soluzione.

Quando gli furono riferite le parole di Azadsarv, il padre del re voleva farla giustiziare ma la moglie gli suggerì di attendere almeno un giorno. Nel frattempo, quando se ne furono andate Maleksun e le sue sorelle, Azadsarv andò da Iskandar, con la nutrice e la sorella, e gli raccontarono l'accaduto, che un servo voleva comprare Azadsarv per un dirham!

"Tu cosa gli hai risposto?" chiese Iskandar.

"Ho rinviato a domani".

"Dimmi: in questo palazzo ci sono servi e schiave?".

"Quindici servi e quaranta schiave".

"Falli venire!".

Quando la servitù arrivò e fu davanti a lui Iskandar tenne loro un discorso chiaro.

"Fate bene attenzione a quello che sto per dirvi. Innanzitutto vi sia chiaro che mia madre era figlia di Filqus e che io sono nato da Darab, figlio di Ardashir, e che mio fratello è Dara, figlio di Darab. Filqus mi ha nominato suo erede e i fratelli mi hanno allontanato dal regno ma anch'essi non sono stati in grado di tenerlo e il regno è andato a un estraneo. Ora questi sono venuti e pretendono che la figlia del vostro re sposi questo estraneo. Se voi siete d'accordo, lo sono anch'io, ma se non lo siete assicuratemi la vostra lealtà e siatemi amici, affinché io possa andare in Iran e da là prendere Darā e il suo esercito per venire a liberare questo paese. Se voi non mi sarete amici, me ne andrò a cercare il mio maestro e insieme ce ne andremo a girare il mondo, perché non voglio prolungare questa vergogna".

I servi in coro gli giurarono fedeltà. Il giorno seguente Iskandar parlò con Azadsarv e le spiegò come comportarsi.

"Sorella, questo è ciò che devi fare: domani, quando verrà da te Maleksun, le dirai che sei d'accordo a fare come lei vuole e concederai te stessa a suo figlio. Ella andrà a ripetere queste tue parole al marito: a questo punto l'importante è che il ragazzo venga qui da te, perché così lo potremo uccidere. Poi chiameremo il padre e uccideremo anche lui. Subito dopo io uscirò allo scoperto e mi siederò in trono".

Tutti furono d'accordo.

Il giorno seguente si presentò Maleksun con molte schiave e portò vestiti e denaro in dote per invogliare azadsarv. Questa fu gentile con lei e disse che acconsentiva alle nozze. Maleksun fu molto felice per queste parole, così appropriate, e subito tornò a portare la notizia al figlio e il padre diede ordine di preparare la cerimonia. Il nuovo re chiamò tutti i nobili e i grandi del regno e riferì loro le parole di Azadsarv: tutti baciarono la terra davanti la trono e approvarono quella unione che avrebbe rinsaldato il regno. Il re fece distribuire oro a tutti. Quando fu sera, Maleksun si mosse con quattrocento schiave dal viso di luna che portavano vassoi d'oro, muschio, ambra grigia e canfora e ordinò che altre quattrocento seguissero e ognuna portasse un vassoio di vestiti e a loro si aggiunsero donne nobili e ricche, con grande magnificenza. Quando le schiave arrivarono da Azadsarv con tutte quelle ricchezze, resero omaggio e deposero I doni davanti a lei.

"Bisogna che tu dia un ordine", le dissero, "perché il re venga a renderti omaggio".

"Venga quando vuole", rispose Azadsarv, "perché viene a casa sua".

Tutte furono felici e riportarono queste parole al re e anche lui ne fu molto felice.

Tra i cortigiani c'era un saggio di nome Sham'un e a lui si rivolse il giovane re, chiedendogli di puntare l'astrolabio verso l'alta stella per dirgli cosa lo aspettava. Il saggio rivolse l'astrolabio al cielo, guardo e poi riferì al re.

"Mio re, non è prudente per te andare al palazzo di Azadsarv perché la vedo disturbata e vedo anche che la sua casa non ti è favorevole".

Il re si rivolse allora alla madre.

"Torna dalla mia futura moglie e dille di bandire la tristezza e di venire qui, da me, per passare un giorno insieme e poi andremo nel suo palazzo".

Maleksun andò e riferì quest'ordine e

Azadsarv, rabbuiata in volto, rispose che sarebbe andata l'indomani ma che comunque sarebbe stato meglio se il re fosse venuto da lei, perché il suo palazzo era più spazioso.

"L'astrologo si è espresso così, insistette Maleksun e poi se ne andò e riportò a suo figlio, quanto era successo".

"Qui c'è qualcosa sotto!", mormorò lui e di nuovo si rivolse all'astrologo. "Cosa mi può accadere se vado io da Azadsarv?".

"Il tuo destino brucia in quella casa. Chiama lei da te!".

Quando la madre del re si ripresentò a lei, ripetendo che il re la stava aspettando subito, Azadsarv non si smosse.

"Benissimo: se questa è la volontà del re, tra qualche sera andrò da lui con le mie schiave".

Ancora una volta la madre del re ritornò e riferì. Nel frattempo Azadsarv andò da Iskandar e gli raccontò quello che stava accadendo.

"Accontentiamolo!", disse lui. "Io mi nasconderò tra le schiave e verrò con te. Tu dovrai darmi ordini come alle altre schiave. Quando verrà il momento di appartarvi, tu e il re, e il palazzo si vuoterà, tu devi chiedermi di portarti dell'acqua così che io possa venire e pugnalarlo al petto e dietro a me anche gli altri servi entreranno e lo pugnaleranno. Lo uccideremo così in fretta che nessuno se ne accorgerà".

Detto questo, si legò alla vita un coltello, si vestì con abiti da schiava, si coprì il capo e ordinò ai servi di armarsi tutti di coltello alla cintola, poi si mise in mezzo alle schiave e tutti insieme andarono al seguito di Azadsarv: quaranta schiave davanti e quaranta dietro e poi I servi con bastoni in mano mentre andavano davanti a tutti I portatori, con candele e torce a nafta.

Quando arrivarono al palazzo del re, le sorelle di Maleksun e le mogli dei nobili si presentarono e la accompagnarono all'interno. Entrò Azadsarv ma a nessun altro fu permesso di varcare la soglia. Dentro al palazzo erano iniziati I festeggiamenti e Maleksun invitò Azadsarv a prendervi parte ma lei rifiutò: "Non è questo ciò che il mio cuore desidera. Andate e fate venire qui il re".

Maleksun si inchinò e corse dal figlio.

"Alzati, presto", gli disse, "e va' da Azadsarv perché ti vuole".

Il giovane prese dieci servi con sé e andò fino alla porta dell'appartamento dove stava Azadsarv. Qui si fermò.

"Posso entrare?".

"Entra, o re".

Il re entrò: aveva appena posato il piede destro quando cadde in avanto, con la faccia su un piatto della tavola che era lì preparata. Da questo si usa dire che nessuno deve mettere il piuede al di là dei propri limiti. Il re e Azadsarv si sedettero fianco a fianco per mangiare insieme e lui allungò una mano verso di lei che arrossì e chiamò - Schiava, portami dell'acqua! Iskandar entrò vestito da schiava e colpì il re con il pugnale che si portava addosso: lo colpì al petto, in modo tale che il coltello uscì dalla schiena.

"Ah!" esclamò il re.

Arrivarono anche i servi e lo colpirono a più riprese: quando il re rese l'anima lo spostarono e lo corprirono con qualcosa. Azadsarv sedeva sul suo cuscino.

Entrò Maleksun.

"Cos'è successo a mio figlio, che si è addormentato così in fretta?".

Si è saziato della mia vista e ora dorme.

"Non è così possibile che mio figlio si sia saziato di te così in fretta".

Maleksun si avvicinò a suo figlio e gli parlò ad alta voce, per svegliarlo.

"Alzati, ché non è ancora tempo di dormire!".

Non aveva finito di pronunciare queste parole che le si avvicinò uno dei servi e la pugnalò alla schiena, così che il coltello le uscì dal petto. Anche lei rimase uccisa e fu deposta su un cuscino. Avendo ucciso in tal modo entrambi, Iskandar spiegò ad Azadsarv che ora avrebbe dovuto mandare a chiamare il ministro, con la scusa che il re suo figlio aveva bisogno urgente di parlargli.

Un servo andò e lo chiamò ed egli si diresse velocemente verso gli appartamenti dove suo figlio si era ritirato con Azadsarv ma quando fu giunto sulla porta uno lo trattenne e gli mormorò qualcosa all'orecchio. I presenti videro che il ministro non entrava ma si girava e tornava da dove era venuto. Arrivato nei suoi appartamenti, ordinò di sciogliere il convito che era in corso, per festeggiare le nozze, e rimandò tutti a casa. Il punto era che tra I servi di Azadsarv ce n'era uno fedele al ministro e questo gli raccontò tutto quello che era successo e il destino che lo attendeva se fosse entrato dov'erano i cadaveri di suo figlio e sua moglie.

Tornato nelle sue stanze, il ministro raccolse quanti più armati poté e tornò alle porte dell'appartamento fatale: là giunto gridò: "Dite al re che suo padre è alla porta e gli chiede di uscire".

Uscì invece Azadsarv, con voce dolce e sorriso

gentile.

"Signore, perché non entri? Io voglio anche te alle mie nozze".

Il ministro entrò e chiese dove fosse suo figlio e Azadsarv gli rispose che stava dormendo, perché aveva bevuto. Il ministro cercò Iskandar ma anche lui non si vedeva, allora si irritò e sguainata la spada colpì Azadsarv. La fanciulla cadde a terra: entrarono I servi, presero il ministro e lo fecero a pezzi e la sua testa la prese Iskandar, che se ne andò e sparì. Quella notte tutti si uccisero l'uno con l'altro fino a che fu giorno. La notizia arrivò all'esercito: tutti si armarono e vennero alla porta del palazzo, la presero d'assalto, entrarono e uccisero tutti I servi e le schiave di Azadsarv.

Deposero Azadsarv su un cuscino e il re e sua madre su un altro, e poiché l'esercito ne chiedeva il motivo, quelli che erano al servizio del re e di suo padre il ministro andarono sopra le porte del palazzo e informarono I presenti su cosa era successo la notte precedente. I soldati chiesero dove fosse Iskandar: bisognava avvisarlo che doveva andare a occupare il trono perché quelli che avevano tramato contro di lui erano stati uccisi. Per quanto cercassero, non lo trovarono.

Quella sera Iskandar, uscito da palazzo, andò

direttamente al convento di Aristotele e si fermò sulla porta fino a che il maestro finì il servizio divino e uscì. Iskandar si inchinò e quando Aristotele gli chiese perché avesse lasciato il servizio, gli raccontò tutte le sue vicissitudini. Aristotele gli disse che sapeva già tutto di ciò che gli era successo: "Se io quel giorno avessi detto a Filqus che non era il momento di elevarti al trono non mi avrebbe ascoltato, perché Dio aveva stabilito che fosse versato del sangue e che nessuno dei tuoi nemici rimanesse vivo, e questo affinché tu diventassi re. Ora non è rimasto nessuno e tu sei di stirpe reale e questo accadrà: potrai sederti sul trono perché la tua grandezza è garanzia a se stessa".

"Io non andrò là solo, devi venire con me!".

"Tu non andrai e basta: resta qui, verranno loro a cercarti, per prenderti e metterti sul trono".

Iskandar rimase quaranta giorni nel convento di Aristotele e al quarantesimo giorno sognò che Dio l'Altissimo lo aveva fatto crescere così tanto che I suoi piedi erano poggiati sulla schiena di un pesce e la sua testa toccava il culmine della sfera celeste. Una mano era stesa verso Oriente e l'altra verso Occidente e all'improvviso dal cielo si staccò una goccia brillante più del sole, simile a cristallo, delle dimensioni di un uovo. Iskandar aprì la bocca per raccogliere quella goccia e berla ma vennero due uccelli, uno da Oriente e uno da Occidente: Iskandar impaurito si svegliò piangendo forte.

Aristotele gli fu subito a fianco.

"Il tempo della tua regalità è giunto e domani verranno a cercarti, perché io questa notte ho visto un sogno e tu lo stesso, e ciò significa che girerai il mondo".

"Maestro, cosa sai tu del mio sogno?".

"Secondo il sogno che hai fatto, tu girerai il mondo cercando l'acqua della vita e la troverai ma poi un altro la berrà e non tu. Tutto il mondo, tuttavia, ti sarà consegnato".

A queste parole, Iskandar si meravigliò: "Maestro, non ho parlato del sogno: come hai fatto a conoscerlo e interpretarlo?".

"Interpretare ciò che un sogno dice davanti a te è facile; vera scienza risiede nel fatto che io veda un sogno e tu anche e che io interpreti il mio sogno in accordo con il tuo, ed entrambi siano chiari".

"Questo a me non l'hai insegnato, maestro".

"Iskandar!", esclamò Aristotele. "Centoventi anni ho servito Platone per potere imparare questa scienza, e tu vuoi apprenderla in un momento?"

Mentre i due parlavano, arrivarono al convento gli uomini di Filqus: "O saggio", gridarono, "è con te Iskandar? Se c'è, digli di uscire perché gli dobbiamo conferire il regno".

Aristotele uscì tenendo per mano Iskandar e si presentò dinanzi a loro: "Voi, valorosi, abbiate cura di quest'uomo perché ha un futuro nel mondo, e il mondo gli è stato donato: suoi saranno l'Iran e il Turan e a chiunque starà dalla sua parte verrà del bene, se obbedirà ai suoi ordini. Quest'uomo compirà due volte il giro del mondo, proteggetelo quando uscite".

Tutti gli uomini applaudirono, poi presero Iskandar e lo accompagnarono fino al trono regale e lo salutarono loro sovrano e il tesoriere si presentò davanti a lui e gli porse le chiavi del tesoro. Iskandar ordinò che i corpi della madre, del nonno e degli altri suoi familiari venissero portati alla dokhmè, poi fece inviare missive in tutto il regno affinché tutti sapessero e accorressero a salutarlo e festeggiarlo.

Da diecimila parasanghe di lunghezza e sei parasanghe di larghezza, e da duemiladuecento centri abitati e da duemila castelli si sottomisero a lui, che era il nuovo re di Rum, e il mondo lo riconobbe.

Ogni discordia cessò, quando Iskandar divenne

re, e la gazzella ancora venne al pascolo con la pantera e il falco reale volò con il piccione, e il lupo cominciò a bere con la pecora e i popoli si mescolarono e rinfoderarono le spade e riposero le lance, e si dedicarono alla musica e al vino.

Trascorse così del tempo, pacificamente, fino a una sera in cui Iskandar si era addormentato e aveva lasciato da parte i pensieri molesti; vide in sogno la madre e il nonno Filqus che gli si avvicinavano e lo rimproveravano: "Figlio, perché ci hai voltato le spalle e ci hai dimenticato? Avendo ottenuto trono, regno e tesoro, ci hai messo da parte. Alzati e recati da Firuzshah che ha svergognato tua madre a causa tua: vendicala, perché dovere dei figli è vendicare i genitori. Prendi l'esercito e sconfiggi Firuzshah!"

Udite queste parole, Iskandar si volse alla madre e le chiese se avesse avuto figli da Firuzshah: "Vita mia, un figlio c'era: nel momento in cui ti ho nascosto nella cassa portavo un figlio nel mio ventre, ma tanto mi ha picchiata che l'ha ucciso. Per tutto ciò, devi prendere la tua vendetta".

Iskandar si svegliò dal sogno, si mise a sedere e pianse. Quando arrivò mattina, sedette in trono e tenne un discorso all'esercito: "Alcune parti del mondo sono in festa ma io la scorsa notte ho visto in sogno mia madre e mio nonno Filqus, che mi hanno ordinato di vendicare mia madre nei confronti di Firuzshah, colui che era suo marito. Andrò a dichiarargli guerra: voi mi seguirete?".

"O re, noi tutti cingiamo la cintura del servizio".

Iskandar ordinò allora di portare una mandria di cavalli, e ogni soldato ne ebbe uno: cinquantamila uomini si schierarono, tutti pronti all'azione, uomini provati a tutto. Quindi Iskandar ordinò di aprire le porte del tesoro e distribuì oro ai soldati e li fornì di armi; fece disporre i cimbali sugli elefanti quindi percossero con la mazza i dischi bronzei: cinquantamila cavalieri e tremila fanti si diressero verso la città di Firuzshah. Lungo il cammino, proclamavano a tutti che chiunque fosse un oppressore sarebbe stato calpestato dagli elefanti, perché nessuno deve opprimere nessuno.

Iskandar arrivò al regno di Firuzshah e la notizia arrivò alle orecchie del re.

"Io ho ordinato di buttarlo in acqua, e mi hanno assicurato di averlo fatto: come è arrivato fino a qui?".

Ordinò di convocare subito un'assemblea e chiese consiglio. Il parere di tutti fu che bisognava combattere. Firuzshah non aveva parlato con nessuno di ciò che era accaduto con Nahid e Iskandar: tutti sapevano che Nahid era morta ma non che fosse tornata da Filqus e che Iskandar avesse preso il regno. E adesso Iskandar era tornato.

"Dicono che Firuzshah abbia scritto una lettera a Iskandar e scelto dieci dei suoi mobad per consegnargliela e che lui stesso si fosse nascosto tra i servi che accompagnavano questa missione, avendo escogitato questo stratagemma per essere certo che il nuovo venuto fosse proprio Iskandar".

Quando i mobad giunsero alla presenza di Iskandar si sedettero, mentre i servi rimasero in piedi e fu tra loro che il giovane re riconobbe Firuzshah: andò verso di lui e lo invitò a sedersi nel posto che gli spettava, cioè in trono accanto a lui. Poiché quello insisteva nel fingere di non capire, ordinò che lo prendessero e glielo portassero davanti.

"O re", gli disse, "chi può sfuggire alle decisioni dell'Altissimo? Avresti immaginato di trovarti un giorno ai miei piedi? Ma dimmi, perché sei venuto da me? Per vedermi e sapere con certezza se io fossi Iskandar o no?".

Firuzshah fu stupito dal discorso di Iskandar e

anche gli uomini provarono meraviglia per la sua sagacia.

"Come ha riconosciuto Firuzshah e come gli è stato chiaro il suo proposito!".

"Voi eravate presenti il giorno in cui ho interpretato il sogno di costui e lui mi ha fatto legare a due pali perché mi uccidessero e quando Nahid, che era mia madre, vide ciò gridò e pianse forte. Voi sapete che tutto questo è successo: che mia madre mi fece uscire di prigione e mi portò nelle sue stanze e quando sentì che era arrivato Firuzshah mi chiuse dentro una casa. E non avete dimenticato che a me venne da starnutire, mentre ero dentro la cassa e costui mi fece tirare fuori e ordinò che mi tagliassero la testa ma l'Altissimo mi fece la grazia e mi protesse e la spada del boia non lasciò segno su di me. Quindi vi è chiaro che quest'uomo ha svergognato mia madre per la cosa più sacra che un essere umano abbia, un figlio. E questa è la verità".

"E poi, cosa accadde?"

"Poi? Poi sempre lui ordinò che mi buttassero in mare e mia madre fu deposta viva in una bara e portata alla dokhmè e anch'io, grazie al Cielo, fui portato vicino a lei e nel giro di poco tempo entrambi ce ne andammo e ci rifugiammo dal padre di mia madre, Filqus".

"Finisce qui la storia?".

"No, prosegue così, che mia madre mandò a chiamare Aristotele il saggio ed egli dichiarò davanti a tutti che io sono figlio di darab, figlio di Ardashir. Quando a mio nonno tutto fu chiaro, mi dichiarò suo erede. Allora i suoi figli uscirono di testa e uccisero il loro padre e poi loro stessi furono uccisi, tutti, e la famiglia di Filqus fu sconvolta: in mezzo a tutto ciò anche mia madre perse la vita e io salii al trono".

"Infine, perché sei arrivato fino a qui?".

"Mia madre: mi apparve in sogno e mi ordinò di vendicarmi su Firuzshah per quanto l'aveva fatta soffrire. Sono venuto dunque a portare guerra a questo regno e al suo re e proprio lui, impunito, si è presentato senza rimorso davanti a me. Ha fatto una gran cosa, proprio: con i suoi piedi si è diretto alla propria tomba!".

Quando ebbe finito di parlare, i presenti esclamarono che loro, di tutto quello che aveva raccontato, non sapevano nulla e che se una colpa c'era, era stata di Nahid per non avere ammesso pubblicamente che lui era suo figlio.

"In tutto ciò, noi che crimine abbiamo commesso?".

Anche Firuzshah si unì agli altri e disse: "Ora tutti noi ti diamo questo regno e riconosciamo la tua sovranità, e io personalmente mi metto al tuo servizio".

Iskandar fu irremovibile: "La colpa di mia madre fu di avermi nascosto ma tu, perché non ti sei consigliato con i tuoi cortigiani e invece l'hai colpita senza pietà, e hai agito come un pazzo?"

Questo disse, e ordinò che ai dieci consiglieri di Firuzshah venisse tagliata la testa, che i cinquanta uomini del seguito fossero messi in catene e quanto a Firuzshah, questo fu il verdetto: "Non ti ucciderò qui, andremo ad Amurryyeh e ti porterò nella dokhmé di Nahid e Filqus, affinché il mondo sappia che ho vendicato mia madre".

Ordinò quindi che gli legassero i piedi e che gli ponessero un giogo sul collo, e da lì si alzò e andò verso le porte della città, mandando per la strada uno che lo precedesse annunciando il suo passaggio: "Questo è Iskandar che ha fatto prigioniero Firuzshah e se qualcuno di voi si ribellerà, a lui sarà tagliata la testa e sua moglie e i suoi figli saranno venduti come schiavi".

In più, inviò in città le teste dei dieci saggi. Quando gli abitanti della città videro ciò, uscirono tutti insieme e acclamarono re Iskandar che arrivò con i nobili, sedette sul trono e si assicurò l'obbedienza dell'esercito e del popolo.

FRANCESCA CHIESA

Classe 1955, laureata in filosofia. Ha lavorato per il Ministero degli Affari Esteri in Iran, Russia, Grecia, Eritrea, Libia, Kenia. Dal 2019 vive con il marito a Syros, nelle Cicladi.

LA CASE BOOKS

LA CASE Books, digital publisher californiano, nasce nel 2010 da un'idea di Jacopo Pezzan e Giacomo Brunoro. Nel 2020 iniziano le pubblicazioni anche in formato cartaceo. A oggi LA CASE Books ha pubblicato più di 2.000 titoli in 8 lingue tra libri, ebook, audiolibri e podcast.

UNA STORIA DI DONNE PERSIANE

Il romanzo di Humāy e Nahid. Liberamente ispirato al *Darab Nameh* di Abū Tahereh al-Tarsūsī (XII secolo)

Francesca Chiesa

ISBN 978-1-953546-25-8

LA CASE Books

PO BOX 931416, Los Angeles, CA, 90093

info@lacasebooks.com || www.lacasebooks.com